CW01183003

OSCAR MODERNI

Di Vincenzo Consolo negli Oscar

Di qua dal faro
La ferita dell'aprile
Lunaria
La mia isola è Las Vegas
Nottetempo, casa per casa
L'olivo e l'olivastro
Le pietre di Pantalica
Retablo
Il sorriso dell'ignoto marinaio
Lo Spasimo di Palermo

Vincenzo Consolo

IL SORRISO DELL'IGNOTO MARINAIO

Con una nota dell'autore

© 1997 Arnoldo Mondadori Editore S.p.A., Milano
© 2019 Mondadori Libri S.p.A., Milano

I edizione Scrittori italiani febbraio 1997
I edizione Oscar scrittori del Novecento gennaio 2002
I edizione Oscar classici moderni marzo 2004
I edizione Oscar Moderni giugno 2019

ISBN 978-88-04-71919-9

Questo volume è stato stampato
presso ELCOGRAF S.p.A.
Stabilimento - Cles (TN)
Stampato in Italia. Printed in Italy

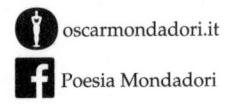

oscarmondadori.it

Poesia Mondadori

Anno 2019 - Ristampa 11 12 13 14

librimondadori.it

Il sorriso dell'ignoto marinaio

A Caterina

Hor, lassando di Etruria el bel paese,
Antonel de Cicilia, huom tanto chiaro...
GIOVANNI SANTI, *Cronica rimata*

Il giuoco delle somiglianze è in Sicilia uno scandaglio delicato e sensibilissimo, uno strumento di conoscenza [...] I ritratti di Antonello "somigliano"; sono l'idea stessa, l'arché, della somiglianza [...] A chi somiglia l'ignoto del Museo Mandralisca?
LEONARDO SCIASCIA, *L'ordine delle somiglianze*

I
Il sorriso dell'ignoto marinaio

ANTEFATTO

Viaggio in mare di Enrico Pirajno barone di Mandralisca da Lipari a Cefalù con la tavoletta del ritratto d'ignoto d'Antonello recuperata da un riquadro dello stipo della bottega dello speziale Carnevale. Il ritratto risulta un poco stroppiato per due graffi a croce proprio sul pizzo delle labbra sorridenti del personaggio effigiato. Dice la gente di Lipari che la figlia dello speziale, Catena, ancora nubile alla bell'età di venticinqu'anni, irritata (era un giorno di cupo scirocco) dal sorriso insopportabile di quell'uomo, gli inferse due colpi col punteruolo d'agave che teneva per i buchi sul lino teso del telaio da ricamo. E questa si crede sia stata la ragione che indusse lo speziale Carnevale a vendere al barone Mandralisca quel ritratto: per il bene della figlia, per vederla serena dietro il banco a ricamare, decifrare le ricette per cui aveva disposizione speciale (completava a batter d'occhio iniziali, dipanava rabeschi girigogoli svolazzi, smorfiava linee puntini sospensivi...), vista e non vista, tra il banco e le scansìe stipate di fiaschi bussoli unguentarî alberelli scatole burnìe, in un cono di luce che cade nella stanza da un occhio di bue laterale, da rapido saettar d'occhi traversi (la bella irraggiungibile Catena era un mistero: covava un amore suo inconfessabile o pure si scapricciava a tirar fino allo spasimo le passioni altrui sotterranee?) dei giovani che passano e ripassano per la strada San Bartolomeo.

12 settembre 1852
Festa del Santissimo Nome di Maria

E ora si scorgeva la grande isola. I fani sulle torri della costa erano rossi e verdi, vacillavano e languivano, riapparivano vivaci. Il bastimento aveva smesso di rullare man mano che s'inoltrava dentro il golfo. Nel canale, tra Tìndari e Vulcano, le onde sollevate dal vento di scirocco l'avevano squassato d'ogni parte. Per tutta la notte il Mandralisca, in piedi vicino alla murata di prora, non aveva sentito che fragore d'acque, cigolii, vele sferzate e un rantolo che si avvicinava e allontanava a seconda del vento. E ora che il bastimento avanzava, dritto e silenzioso dentro il golfo, su un mare placato e come torpido, udiva netto il rantolo, lungo e uguale, sorgere dal buio, dietro le sue spalle. Un respiro penoso che si staccava da polmoni rigidi, contratti, con raschi e strappi risaliva la canna del collo e assieme a un lieve lamento usciva da una bocca che s'indovinava spalancata. Alla fioca luce della lanterna, il Mandralisca scorse un luccichìo bianco che forse poteva essere di occhi.

Riguardò la volta del cielo con le stelle, l'isola grande di fronte, i fani sopra le torri. Torrazzi d'arenaria e malta, ch'estollono i lor merli di cinque canne sugli scogli, sui quali infrangonsi di tramontana i venti e i marosi. Erano del Calavà e Calanovella, del Lauro e Gioiosa, del Brolo...

Al castello de' Lancia, sul verone, madonna Bianca sta nauseata. Sospira e sputa, guata l'orizzonte. Il vento di Soave la contorce. Federico confida al suo falcone

O Deo, come fui matto
quando mi dipartivi
là ov'era stato in tanta dignitate
E sì caro l'accatto
e squaglio come nivi...

Dietro i fani, mezzo la costa, sotto gli ulivi giacevano città. Erano Abacena e Agatirno, Alunzio e Apollonia, Alesa... Città nelle quali il Mandralisca avrebbe raspato con le mani, ginocchioni, fosse stato certo di trovare un vaso, una lucerna o solo una moneta. Ma quelle, in vero, non sono ormai che nomi, sommamente vaghi, suoni, sogni. E strinse al petto la tavoletta avvolta nella tela cerata che s'era portato da Lipari, ne tastò con le dita la realtà e la consistenza, ne aspirò i sottili odori di canfora e di senape di cui s'era impregnata dopo tanti anni nella bottega dello speziale.

Ma questi odori vennero subito sopraffatti d'altri che galoppanti sopra lo scirocco venivano da terra, cupi e forti, d'agliastro finocchio origano alloro nepitella. Con essi, grida e frullìo di gabbiani. Un chiarore grande, a ventaglio, saliva dalla profondità del mare: svanirono le stelle, i fani sulle torri impallidirono.

Il rantolo s'era cangiato in tosse, secca, ostinata. Il Mandralisca vide allora, al chiarore livido dell'alba, un uomo nudo, scuro e asciutto come un ulivo, le braccia aperte aggrappate a un pennone, che si tendeva ad arco, arrovesciando la testa, e cercava d'allargare il torace spigato per liberarsi come di un grumo che gli rodeva il petto. Una donna gli asciugava la fronte, il collo. S'accorse della presenza del galantuomo, si tolse lo sciallètto e lo cinse ai fianchi del malato. L'uomo ebbe l'ultimo terribile squasso di tosse e subito corse verso la murata. Tornò bianco, gli occhi dilatati e fissi, e si premeva uno straccio sulla bocca. La moglie l'aiutò a stendersi per terra, tra i cordami.

«Male di pietra» disse una voce quasi dentro l'orecchio del barone. Il Mandralisca si trovò di fronte un uomo con uno strano sorriso sulle labbra. Un sorriso ironico, pungente e nello stesso tempo amaro, di uno che molto sa e molto ha visto, sa del presente e intuisce del futuro; di uno che si difende dal dolore della conoscenza e da un moto continuo di pietà. E gli occhi aveva piccoli e puntuti, sotto l'arco nero delle sopracciglia. Due pieghe gli solcavano il viso duro, agli angoli della bocca, come a chiudere e ancora accentuare quel sorriso. L'uomo era vestito da marinaio, con la milza di panno in testa, la casacca e i pantaloni a sacco, ma, in guardandolo, colui mostravasi uno strano marinaio: non aveva il sonnolento distacco, né la sorda stranianza dell'uomo vivente sopra il mare, ma la vivace attenzione di uno vivuto sempre sulla terra, in mezzo agli uomini e a le vicende loro. E, avvertivasi in colui, la grande dignità di un signore.

«Male di pietra» continuò il marinaio. «È un cavatore di pomice di Lipari. Ce ne sono a centinaia come lui in quell'isola. Non arrivano neanche ai quarant'anni. I medici non sanno che farci e loro vengono a chiedere il miracolo alla Madonna negra qui del Tìndaro. Speziali e aromatarî li curano con senapismi e infusi e ci s'ingrassano. I medici li squartano dopo morti e si dànno a studiare quei polmoni bianchi e duri come pietra sui quali ci possono molare i loro coltellini. Che cercano? Pietra è, polvere di pomice. Non capiscono che tutto sta a non fargliela ingoiare.»

E qui sorrise, amaro e subito ironico, scorgendo stupore e pena sul volto del barone. Il quale, pur seguendo il discorso del marinaio, da un po' di tempo si chiedeva dove mai aveva visto quell'uomo e quando. Ne era certo, non era la prima volta che l'incontrava, ci avrebbe scommesso il fondo di Colombo o il cratere del *Venditore di tonno* della sua raccolta. Ma *dove* l'aveva visto?

Ma sotto lo sguardo dell'uomo, acuto e scrutatore, ritornò con la mente al cavatore. Al di là di Canneto, verso il ponente, s'erge dal mare un monte bianco, abbagliante che chiamasi Pelato. Quivi copiosa schiera d'uomini, brulichìo nero di tarantole e scarafaggi, sotto un sole di foco che pare di Marocco, gratta la pietra porosa col piccone; curva sotto le ceste esce da buche, da grotte, gallerie; scivola sopra pontili esili di tavole che s'allungano nel mare fino ai velieri. Sotto queste immagini il Mandralisca cercava di nascondere, di rimandare indietro altre che in quel momento (frecce di volatili nel cielo di tempesta migranti verso l'Africa, verdi chiocciole segnanti sulla pietra strie d'argento, alte flessuose palme schiudenti le vulve delle spate con le bianche pasquali inflorescenze...), chissà per quale associazione o contrappunto, premevano per affiorare in primo piano. E quindi si presentarono, con disappunto del barone, davanti a quell'uomo indagatore e giudice, ordinate nei loro volumi, con titolo e stamperia e anno d'edizione, nella forma degli studi di cui il barone, in altri momenti, intimamente si compiaceva, con un certo orgoglio, con una certa soddisfazione, studi che gli avevano aperto le porte delle più importanti Accademie del Regno, Gioenia Peloritana Zelanti Pellegrini: *Catalogo degli uccelli che si trovano stazionarî o di passaggio nelle isole Eolie*, *Catalogo dei molluschi terrestri e fluviatili delle Madonie e luoghi adiacenti*, *Catalogo e fecondazione delle palme*.

Il marinaio lesse, e sorrise, con ironica commiserazione.

Venne da poppa un vociare e lo sferragliare della catena dell'àncora che si srotolava e sprofondava nell'acqua. Il bastimento era giunto a Olivèri, sotto la rocca del Tìndari. Il marinaio lasciò il barone e si avviò con passo lesto verso il trinchetto.

Il sole raggiante sopra la linea dell'orizzonte illuminava la rocca prominente, col teatro, il ginnasio e il santuario in cima, a picco sopra la grande distesa di acque e di terra. Era, questa spiaggia, un ricamo di ori e di smalti. In lingue sinuose, in cerchi, in ghirigori, la rena gialla creava bacini, canali, laghi, insenature. Le acque contenevano tutti gli azzurri, i verdi. Vi crescevano canne e giunchi, muschi, vischiosi filamenti; vi nuotavano grassi pesci, vi scivolavano pigri aironi e lenti gabbiani. Luceva sulla rena la madreperla di mitili e conchiglie e il bianco d'asterie calcinate. Piccole barche, dagli alberi senza vele, immobili sopra le acque stagne, fra le dune, sembravano relitti di maree. Un'aria spessa, umida, con lo scirocco fermo, visibile per certe nuvole basse, sottili e sfilacciate, gravava sopra la spiaggia. Qual cosmico evento, qual terribile tremuoto avea precipitato a mare la sommità eccelsa della rocca e, con essa, l'antica città che sopra vi giaceva? Oh i tesori dispersi sotto quelle acque verdi e quella rena, le erbe sconosciute affatto, le impensate vegetazioni, le incrostature che coprivano le bianche levigate spalle, le braccia, i femori di veneri e dioscuri.

Quindi Adelasia, regina d'alabastro, ferme le trine sullo sbuffo, impassibile attese che il convento si sfacesse. «Chi è, in nome di Dio?» di solitaria badessa centenaria in clausura domanda che si perde per le celle, i vani enormi, gli anditi vacanti. «Vi manda l'arcivescovo?» E fuori era il vuoto. Vorticare di giorni e soli e acque, venti a raffiche, a spirali, muro d'arenaria che si sfalda, duna che si spiana, collina, scivolìo di pietra, consumo. Il cardo emerge, si torce, offre all'estremo il fiore tremulo, diafano per l'occhio cavo dell'asino bianco. Luce che brucia, morde, divora lati spigoli contorni, stempera toni macchie, scolora. Impasta cespi, sbianca le ramaglie, oltre la piana mobile di scaglie orizzonti vanifica, rimescola le masse.

Ora, sopra la rocca, sull'orlo del precipizio, il piccolo santuario custodiva la *nigra Bizantina*, la *Vergine formosa* chiusa nel perfetto triangolo del manto splendente di granati, di perle, d'acquemarine, l'impassibile Regina, la muta Sibilla, lìbico èbano, dall'unico gesto della mano che stringe il gambo dello scettro, l'argento di tre gigli.

«Fatti i cazzi tuoi!» intimò a Rosario il Mandralisca.

Il criato era appena giunto, con un velo di sonno che ancora gli svolazzava sulla testa, e pregava il padrone che andasse a riposare.

«Ma, eccellenza, sono cose da cristiani queste, passare la nottata all'impiedi, fuori, con quel pezzo di legno sempre attaccato al petto come un nutrìco?»

«Sasà, lo so io quello che porto qua. Se tu vuoi continuare a ronfare, ronfa, da quell'animale che sei!»

«Dormire, eccellenza? Manco un occhio chiusi, Dio mi fulmini! Buttai a mare fino all'ultima quelle quattro ranfie d'aragosta che ieri sera mi succhiai.»

«Sì, e tutta la polpa dentro la corazza che quelle quattro ranfie facevano camminare, Sasà, affogata nella salsa di capperi.»

«Eccellenza sì. Squisita. Che peccato!»

«E non parliamo di come l'innaffiasti.»

«Eccellenza sì. Giulebbo. Ma dicevo...»

«Sasà, capimmo. Torna a dormire.»

«Eccellenza sì.»

L'ignoto marinaio, ritto sopra la coffa, soffiò nel tritone per tre volte e il suono, urtando sulla rocca, ritornò per tre volte fino al veliero. Si levò dalla spiaggia uno stormo di folaghe e gabbiani, dalla rupe calarono i corvi e le cornacchie. Si staccò un barcone a quattro remi dalla riva d'Olivèri. Dagli angoli dei ponti, dalle stive, sbucarono a gruppi i pellegrini. Erano donne scalze, per voto, scarmigliate; vecchie con panari e fiscele e bimbi sulle braccia; uomini carichi di sacchi barilotti damigiane. Portavano vino di Pianoconte, malvasia di Canneto, ricotte di Vulcano, frumento di Salina, capperi d'Acquacalda e Quattropani. E tutti poi, alti nelle mani, reggevano teste gambe toraci mammelle organi segreti con qua e là crescenze gonfiori incrinature, dipinti di blu o nero, i mali che quelle membra di cera rosa, carnicina, deturpavano. Il cavatore di pomice indossava ora, sopra la pelle, il mantello di lana di capra col cappuccio e in mano teneva un cero grosso, alto quanto lui. Alla moglie pendevano sul petto, legate al laccio che le segava la nuca, due forme a pera, lucide d'olio spalmato, di caciocavallo. Il barcone toccò il fasciame del veliero e i pellegrini, con voci, con richiami, s'ammassarono alla scala per sbarcare.

Lasciò la riva una speronara ch'avea fatto carico di pignatte quartare lancelle giarre piatti lemmi e mafaràte delle fabbriche di Marina di Patti. E sulla tolda portava marmi bianchi. Erano quattro statue consolari togate, allineate in cima alla prora e guardanti avanti come capitani, una con testa e tre decapitate. Si riflettevano capovolte dentro l'acqua. Dietro a queste, altri marmi a pezzi. E dietro a questi pezzi erano allineate dentro le graste piantine d'arance limoni mandarini bergamotti cedri e lumìe. Venivano dai vivai di Mazzarà: vi crescevano rigogliose e abbondanti, per il caldo e gli umori in questa terra, come 'na latomìa, incavo, fosso, inguine, natura femminile (barone?!), queste piante ch'adornavano scaloni, giardini d'inverno, gallerie, padiglioni di palazzi e di corti, come quella di Palermo, di Napoli e Caserta, di Versaglia e di Vienna. La speronara scivolò lenta, silenziosa sotto il veliero dov'era il Mandralisca, ch'ebbe modo così d'osservare a suo piacimento.

Gli altri marmi dietro le statue erano *due piedi con le gambe sino alle cosce di un giovane ignudo di elegantissimo greco lavoro, con un'ara dal lato sinistro ben ornata, di marmo alabastro bianco. Ancora due grossi pezzi di marmo statuario, che insieme formavano il busto di un uomo di statura gigantesca; in uno dei detti pezzi si vedeva la corazza ornata di bassi rilievi, tra i quali si distingueva una bulla pendente sul petto con una testa molto crinita che si osserva in molte medaglie. Dalla spalla destra era pendente sopra la mammella una fettuccia lavorata. Su la spalla sinistra era elegantemente rilevato il gruppo del pallio che doveva coprire le spalle. Sopra il ventre erano due ippogrifi. L'altro pezzo di marmo era il rimanente della corazza, cioè le fibule e le bulle pendenti sopra il sago che copriva le cosce le quali si vedevano tagliate. Le bulle erano figurate con varie teste di animali e qualcuna umana. L'esistenza di questi pezzi nel Tìndaro faceva sospettare che potevano appartenere ad una statua dei Dioscuri, descritti dai poeti in abito militare.* Uh, ah, cazzo, le bellezze! Ma dove si dirigeva quella ladra speronara, alla volta di Siracusa bianca, euriala e petrosa, o di Palermo rossa, ràisa e palmosa? Pirata, pirata avrebbe voluto essere il barone, e assaltare con ciurma grifagna quella barca, tirarsela fino all'amato porto sotto la rocca, sull'acque salse e dolci di fresche venature fluviatili, aretusee, con cefali a branchi, del Vascio a Cefalù. Avrebbe fottuto il Bìscari, l'Asmundo Zappalà, l'Alessi canonico, magari il cardinale, il Pèpoli, il Bellomo e forse il Landolina.

Per la strada a serpentina sopra la rocca, che d'Olivèri portava al santuario, si snodava la processione degli altri pellegrini che dalle campagne e dai paesi del Val Dèmone giungevano al Tìndari per la festa di settembre. Cantavano, salendo, un canto incomprensibile, che dalla testa rimbalzava alla coda della schiera, s'incrociava nel mezzo, s'aggrovigliava. Ma poi divenne, come amalgamato, dopo tante prove e tanti giri, un canto chiaro, forte, che cresceva in sé, si gonfiava, man mano che la processione avanzava e s'avvicinava al santuario.

Una fanciulla bella, dai capelli corvini e gli occhi verdi, accesi, già seduta con gli altri dentro il barcone, all'eco di quel canto, s'alzò in piedi e, dimenandosi, intonò un suo canto: un canto osceno, turpe, che i coatti, lì a Lipari, cantavano la sera, aggrappati alle inferriate del castello. La madre per fermarla, per tapparle la bocca con la mano, si lasciò sfuggire in acqua una testa di cera. Che galleggiò, con la sua fronte pura, e poi s'inabissò.

IL BARONE ENRICO PIRAJNO DI MANDRALISCA
E LA BARONESSA SUA MOGLIE
LA PREGANO DI ONORARLI DI SUA PRESENZA
LA SERA DEL 27 OTTOBRE 1852
NELLA LORO CASA DI CITTÀ
PER GODERE LA VISIONE
DI UNA NUOVA OPERA UNITASI ALLA LORO COLLEZIONE
E SI DÀNNO L'ONORE DI RASSEGNARSI

Dopo il giro in paese, dopo aver per tutta la mattinata salito e disceso scale e scaloni, con quest'ultimo foglio nella mano guantata di bianco, Sasà era dovuto arrivare fino a Castelluccio: attraversando la collina di Santa Barbara, scendendo nel vallone Sant'Oliva, risalendo, con piccole corse qua e là, con aggiramenti, per scansare cani che dietro gli latravano, per ritrovare il passo tra recinti di ginestre e rovi, invocando mali maligni dritti al cuore, al cervello del conte di Baucìna che, ancora di questa stagione, conclusa la vendemmia, già tutti gli altri in paese, se ne stava là, arroccato tra le pietre di Castelluccio.

Tornando, passò da Quattroventi. I mulini gemevano e macinavano il frumento che una fila d'asini attaccati agli anelli di ferro avevano trasportato la mattina. Sui mucchi di sterco, tra i garretti, ruspavano galline, sciamavano nugoli di mosche iridescenti. Vespe e zanzare ronzavano ubriache sopra i rigagnoli di mosto dei palmenti. I terrazzani, uscendo dal fondaco, a bocca aperta guardarono Sasà, tutto sgargiante nella sua livrea. A porta di Terra, davanti alla forgia, il maniscalco bruciava l'unghia d'un mulo e il puzzo di carogna appestava l'aria. Sconturbato, Sasà scese per la strada Regale. In questo stretto budello venne assalito dai pescivendoli. Le spalle e un piede al muro, con accanto le sporte, lo assordarono con richiami, con insulti, con imbonimenti. Uno lo inseguì e gli mise sotto il naso un cefalo sfatto chiuso in una manciata d'alghe sgocciolanti.

«Fatt'è la spesa, la spesa è fatta» gli disse Sasà allontanandogli il braccio con l'indice bianco.

Era stanco Sasà, nauseato, ma soprattutto era seccato per le pensate bizzarre del barone.

«Beato te, beato te, Sasà! La barca all'asciutto ce l'hai!» disse una voce cupa, cavernosa, che sbucava da sotto terra, quando i piedi piatti dentro gli scarpini e i grossi polpacci fasciati di bianco sfilarono davanti alle finestrelle con grate e inferriate a livello della strada, sotto l'Ostèrio Magno.

«Voi, all'asciutto, oh!, senza pensieri, senza combattimenti!» rispose ai carcerati Sasà inviperito. Una scarica sonora di scorregge lo investì alle spalle come una fucileria.

Presso la spezieria, tana di curiosi e malelingue, per non dare in pasto la sua furia e il suo abbattimento, raccolse la pancia e la riportò sotto il freno della cinghia, strinse all'altro il labbro inferiore ch'era pendulo e diede una tiratina di redini allo sguardo per puntarlo dritto e sostenuto nella prospettiva della strada. Sbucato al piano Duomo, alla vista di quello spazio aperto e quella luce, sospirò. Non poté fare a meno di fermarsi a la potìa per chiedere a Pasquale un goccio d'acqua con una spruzzatina di zammù.

Si lasciò cadere sulla sedia, appoggiò le braccia sopra la buffetta e fece: «Aaahhh...».

«Stanco, Sasà?» fu la domanda di Pasquale.

Con l'amico diede libero sfogo al suo mugugno.

«Come se fosse battesimo, che dico?, sposalizio. Fare una festa per un pezzo di sportello di stipo comprato a Lipari dallo speziale, pittato, dice lui, da uno che si chiamava 'Ntonello, di Messina.»

«Messinese? Quando mai hanno saputo fare cose buone i messinesi, cataplasmi come sono? Che va cercando il barone? Questi son capidopera, Sasà» e Pasquale indicò con gesto largo il duomo lì di fronte, «il nostro potente patrono sopra l'altare, il Santissimo Salvatore, tutto oro e pietre rare, fatto da noi, dai cefalutani!»

Le ombre delle chiome delle palme cadevano a piombo sul selciato facendo corona attorno ai tronchi. Uscì dalla porta dei Re, venne fuori dal portico, scese l'alta gradinata con in cima i vescovi di calce, batté col bastone la bocca digrignata del leone di pietra sotto la vasca della fontana secca, l'organista cieco. Di dietro le bifore delle due torri del duomo si videro oscillare le campane: vibrando nell'aria ferma, come gli archi a zig-zag che correvano intrecciandosi lungo la facciata, il tocco di mezzogiorno si propagò per porta Giudecca fino a Presidiana e alla Caldura, per la salita Saraceni fino alla prima balza della rocca, per porta Piscaria fino alle barche ferme dentro il porto, fino a Santa Lucia.

Il salone del barone Mandralisca aveva quasi ormai l'aspetto d'un museo. I monetarî d'ebano e avorio, i comò Luigi sedici, i canapè e le poltrone di velluto controtagliato, i tondi intarsiati, i medaglioni del Màlvica, tutto era stato rimosso e ammassato nell'ingresso e nello studio, lasciando sopra la seta delle pareti i segni chiari del loro lungo soggiorno in quel salone. Restavano solo le consolle coi piani di *peluche* che sostenevano vasi di Cina blu e oro, *potiches* verdi e bianche, turchesi e rosa della Cocincina. E porcellane di Meissen e Mennecy, le frutta d'alabastro, fagiani chiocce e gallinacci di jacob-petit, orologi di bronzo dorato e fiori di cera sotto campane di vetro.

Gl'invitati se ne stavano all'impiedi, tranne le anziane dame che occupavano, sotto il gonfiore delle crinoline, le poche sedie e il *pouf* al centro del salone. Le signorine e i giovanotti facevano cerchio attorno al pianoforte dove la baronessa Maria Francesca accompagnava i gorgheggi della nipote Annetta.

Carmine Papa, poeta zappatore, ch'era condotto a tutte le feste in casa dei signori dai suoi sostenitori e mecenati il barone Maria e il cavalier Culotta, stava in disparte ed era sempre pronto a declamare come una pianola della Barberìa. Tenendo le poesie tutte a mente, gli dicevano il titolo e lui partiva senza incepparsi o sgarrare un'acca. La più richiesta era sempre la romanza di Ruggero re normanno che partito da Napoli con navi e sorpreso verso il largo di Salerno da tempesta fa voto di contratto con Dio Salvatore d'innalzargli un tempio ove avesse afferrato terra sano e salvo. Approdato nel porto a Cefalù, vi costruì quel duomo, a tutt'oggi ammirato e famoso in tutto il mondo. E Carmine attaccava calmo e piano, ma poi, al punto del miracolo, s'infervorava, si faceva rosso e finiva per declamare a voce alta:

> *Lu miraculu fu fattu veramenti*
> *'Ntra dda timpesta e ddu granni terruri,*
> *A Cifalù sbarcau 'ntempu di nenti,*
> *E lu so cori si misi 'nfervuri,*
> *Subitu dissi cu lu cori ardenti:*
> *Sciogghiu lu votu, Gesù Sarvaturi!*
> *C'un tempiu maistusu ed accellenti*
> *Pri lu miraculu chi appi e lu favuri.*

«Oh le fesserie, le fesserie!» andava mormorando Mandralisca in mezzo ai denti. Non digeriva, no, quella leggenda di re Ruggero, gonfiata ad arte dal vescovo e dal clero. Ché da quel voto e dal diploma poi del 1145, con cui il fondatore della Siciliana Monarchia dotava riccamente la chiesa, in suffragio dell'anima di suo padre il conte Ruggero e di sua madre Adelasia, il vescovo per secoli aveva esercitato ai danni del popolo cefalutano, perfino dopo la soppressione della feudalità, dritti soprusi abusi angherie e peranghierie... (testatico sopra ogni animale da soma che carico di cereali arriva a Cefalù, dritto del macello cioè sopra ogni bove porco e ogni altro animale che si macella, decima sulla calce, decima sopra tutte le terre cotte, decima sulle produzioni ortilizie e sulle trecce d'agli, decima sulla manifatturazione e immissione delle scope, grana sopra legno e carbone, duodecima sopra vini mostali, dritto di dogane di mare e di terra cioè d'ancoraggio falangaggio e plateatico, decima sopra il pesce cioè sarde acciughe e pesce squamale, dritto di terragiolo, dritto proibitivo di vendita di neve sendo esclusiva dentro il palazzo vescovile...) Or que' due scimuniti, Maria e Culotta, che proteggevano il zappatore e poeta Papa (era forse pel nome?), culo e camicia, servitori del vescovo, prima di Proto e ora di questo nuovo Ruggiero Blundo, ignoranti!, non avevano letto la sua memoria (*Sulle prestazioni pretese dalla mensa vescovile di Cefalù – Brevi considerazioni* – di ENRICO PIRAJNO Barone di Mandralisca. PALERMO. Stamperia di M. A. Console, Via S. Giuseppe ab Arimathea. 1844) in cui si dimostrava come e qualmente il vescovo non era investito da baronia ma sibbene soltanto da signoria di prim'ordine?

Salvatore Spinuzza, che ancora portava sulla fronte e ai polsi i segni delle torture, angeliche muffoliche cuffiesche, della polizia di Ferdinando, se ne stava in una parte, le braccia incrociate sul petto, gli occhi celesti e il pizzetto biondo puntati in alto, muto e fiero, con ai lati, come Cosma e Damiano, i due fratelli Botta, Nicola e Carlo. E dietro, come a guardar loro le spalle, gli altri due compagni, Guarnera e Maggio. Lo ignoravano tutti, lo Spinuzza, lo scansavano, tranne il padrone di casa, i suoi parenti Agnello e il barone Bordonaro. Tranne Giovanna Oddo.

Il duca d'Alberì teneva banco, con la sua voce di petto, tra le dame e i cavalieri più nobili della nobile mastra di Cefalù. Parlava dell'idra dell'anarchia, dei turbatori dell'ordine, di giovani con fisime e vessiche in testa, pericolosi nemici di Sua Maestà il Re (Dioguardi) e della Santa Religione. Il signor Luogotenente, il buon principe di Satriano, troppo buono era, magnanimo, a perdere tempo e onze con processi e prigionìe (santo diavolone!, non era bastato il quarantotto?): subito, subito la forca ci voleva!

Giovanna Oddo si volse verso lo Spinuzza, con sguardo supplichevole, dolente. Totò si scompose, s'appoggiò sull'altra gamba, riportò con un colpo di testa al suo posto il ciuffo biondo che gli era caduto sopra la fronte, ricambiò lo sguardo di Giovanna. E accennò appena a un sorriso.

Giovanna stava piangendo come fosse già, Madonna!, davanti a quel corpo amato pendente dalla corda come un canavaccio.

«Stupida!» le sussurrò la madre stringendole il gomito con tutta la sua forza. «Scriteriata! Vai sul balcone, va', asciugati quegli occhi. A casa faremo i conti.»

Elisabetta e Giuseppina, sorelle dei due Botta, si staccarono dalla parete all'unisonanza. Traversarono il salone scivolando come sospese sopra il pavimento. Davanti a Giovanna Oddo, tesero le mani. In mezzo ai due angeli, stretta alla vita da due esili braccia, Giovanna si portò fino al balcone.

«Ah, che mali acquisti fanno 'ste povere fanciulle d'oggigiorno!» sentenziò il duca d'Alberì come continuando il suo discorso.

Donna Salvina Oddo emise un sospirone.

«Complimenti, duca, per il vostro monumento» disse subito per sviare l'argomento.

Il duca, lusingato, passò alla descrizione della fastosa tomba che s'era fatto costruire al camposanto e ch'aveva svelato e fatto benedire il venerdì passato.

«Non vi dico quanto m'è costata! Tutta marmi policromi, a mischio, rabisco e tramischio, sullo stile del Pampillònia a Gibilmanna, il mezzo busto, lo stemma e in più la dicitura... ANTE DECESSUM TUMULUM POSUI eccetera eccetera.»

«Sette salme le piantai a manna» diceva forte intanto il conte di Baucìna al vecchio e sordo cavaliere Invidiato. «Dieci salme le scassai pel vigneto...»

«Ihhh, come siete funereo con tutte queste salme!» l'apostrofò il duca d'Alberì. E subito tornò alla signora Oddo.

«Una bella cerimonia veramente. Una festa intima, religiosa. Il solo parentado, la Confraternita della Morte e l'intervento dell'Abate Mitrato per la benedizione e il discorso.»

Venne il momento della visita al museo. Guidati dal barone Mandralisca, fecero il giro della quadreria disposta in doppia fila alle pareti. Sentirono distratti elogiare la luce dell'*Alba a Cefalù* del Bevelacqua, l'espressione intensa della *Sant'Anna* del Novelli, la sapienza prospettica dell'*Ultima Cena* della scuola del Ruzzolone, dove le figure erano così tonde e grosse, così sazie, che sembrava quella sì un'ultima cena, ma il cui inizio non si conosceva, con portate continue di maccheroni al sugo. E così avanti, per le tavole bizantine, per ignoti siciliani, per i napoletani e gli spagnoli, fino a quello della giovane formosa che offre alle labbra di un vecchio rinsecchito il capezzolo rosa d'una mammella bianca che sbuca dallo scuro in piena luce.

«Vengo, mammà» disse la signorina Miccichè, come avesse inteso d'essere chiamata per questione urgente. E si staccò dal gruppo, assieme alla Barranco, alla Pernice e a quella vezzosetta della Coco.

«Maria, che caldo! Andiamo sul balcone.» «Gesù, dove ho lasciato il guanto?» fecero le altre, man mano che si avvicinavano alle vetrine dei vasi greci.

Oltre al *Venditore di tonno*, oltre a matrone languide, sdraiate, con ancelle attorno che le aiutavano a fare toilette, i vasi neri e rossi mostravano fauni impudichi e sporcaccioni, con tutta l'evidenza dritta dell'infoiatura, che abbrancavano per la vita, per le reni ninfe sgambettanti per portarsele, poverette, chissà dove; altre scene di fughe e rapimenti, altre di ragazze estatiche davanti a giovanotti inghirlandati e con bordoni in mano di cui non si capivano le intenzioni.

Gli uomini si davano gomitate, facevano ammiccamenti, azzardavano sottovoce interpretazioni, mentre il barone li informava sull'epoca e sul luogo della provenienza di quelle antichità.

Alle vetrine, alle teche delle lucerne e delle monete, dove il barone si lasciò andare a una sequela infinita di date, di luoghi, di simboli e valori, quei quattro o cinque che appresso gli restarono, per troppa stima o estrema cortesia, afferrarono qualcosa come Mozia Panormo Lipara Litra Nummo Decadramma.

Entrò la servitù con vassoi ricolmi di *brioches* con burro

e mosciamà, biscotti col sèsamo, paste di Santa Caterina, buccellati, sospiri, *choux*, preferiti coi chiodi di garofano, nucàtoli. Sasà guidava come un capitano, con cenni degli occhi e della mano, grattandosi con l'altra la parrucca che gli faceva prudere il testone, l'assalto ai vari gruppi d'invitati. Ma il suo vero nemico era là, il ritratto in mezzo alla sala, coperto da un panno, posto sopra un leggìo alto, con ai lati due moretti candelieri su colonnine attorcigliate. Sasà, passandovi davanti, lo guardava torvo.

Ma le voci d'altri nemici, più vivi e più famelici, entrarono dai balconi aperti sulla strada Badia. Come cani che avessero inseguito il filo dell'odore dei dolci che per l'aria muoveva serpeggiando, sbucando dal baglio Gonzaga, dalla vanella Ferraresi, da Siracusani e Monte di Pietà, i carusi sotto i balconi cominciarono a vociare:

«Sasà, Sasà, affacciati, Sasà!»

E si misero a cantare:

Bivuta Martina, chiamata Luscia
Cani canassa, scavassa larduta
Viva Cuccagna, la xoia la mia!

«'Sti vastàsi!» mormorò Sasà, e corse a chiudere i balconi.

Nu xù cucussa, la bernagualà
Bulìu pigliata, sunata tambura
Tubba, catubba, la nània nà!

cantarono più forte dalla strada, ballando, battendo le mani, le pietre.

«Sasà» ordinò la baronessa Maria Francesca, «fai scendere Rosalia con un vassoio.»

Mentre ancora gli invitati sorseggiavano *cherry* di Salaparuta e malvasia, il barone fece cenno a Sasà d'accendere le dodici candele dei moretti. S'accostò al leggìo e, nel silenzio generale, tolse il panno che copriva il dipinto.

Apparve la figura d'un uomo a mezzo busto. Da un fondo verde cupo, notturno, di lunga notte di paura e incomprensione, balzava avanti il viso luminoso. Un indumento scuro staccava il chiaro del forte collo dal busto e un copricapo a calotta, del colore del vestito, tagliava a mezzo la fronte. L'uomo era in quella giusta età in cui la ragione, uscita salva dal naufragio della giovinezza, s'è fatta lama d'acciaio, che diverrà sempre più lucida e tagliente nell'uso ininterrotto. L'ombra sul volto di una barba di due giorni faceva risaltare gli zigomi larghi, la perfetta, snella linea del naso terminante a punta, le labbra, lo sguardo. Le piccole, nere pupille scrutavano dagli angoli degli occhi e le labbra appena si stendevano in un sorriso. Tutta l'espressione di quel volto era fissata, per sempre, nell'increspatura sottile, mobile, fuggevole dell'ironia, velo sublime d'aspro pudore con cui gli esseri intelligenti coprono la pietà. Al di qua del lieve sorriso, quel volto sarebbe caduto nella distensione pesante della serietà e della cupezza, sull'orlo dell'astratta assenza per dolore, al di là, si sarebbe scomposto, deformato nella risata aperta, sarcastica, impietosa o nella meccanica liberatrice risata comune a tutti gli uomini.

Il personaggio fissava tutti negli occhi, in qualsiasi parte essi si trovavano, con i suoi occhi piccoli e puntuti, sorrideva a ognuno di loro, ironicamente, e ognuno si sentì come a disagio.

Da porta d'Ossùna, in quel momento, s'udiron venire colpi di schioppo e abbaiar di cani. Era la ronda che di questi tempi sparava la notte a ogni ombra che vagava fuori le mura. Lo Spinuzza sentì un brivido salirgli per la schiena e si fece inquieto.

Nel silenzio che seguì a quegli spari, l'uomo sopra il leggìo sembrava che avesse accentuato il suo sorriso. Il Mandralisca lo guardò e riguardò, aggiustandosi il *pince-nez*, lisciandosi la barba, come lo vedesse anche lui la prima volta. Si volse poi ai convitati e cominciò, con voce piana, come soprappensiero, gli occhi puntati sul pavimento di maiolica:

«Mi gode l'animo nello sperare... Opino... Sono invero fortemente persuaso che trattasi d'opera di mano d'Antonello...»

Alzò di colpo lo sguardo, si batté la fronte con la mano ed esclamò:

«Sasà, l'ignoto marinaio!»

Sasà aprì le braccia ed atteggiò la faccia come davanti a uno che gli parlasse turco. Ci fu nel salone una gran risata. Il duca d'Alberì, staccandosi dal gruppo e avanzando solo verso il ritratto, tutto piatto dietro e la redingote aperta sul bombé che trionfalmente si portava davanti, con la sua voce acuta di cornetta chiese forte al Mandralisca:

«Barone, a chi sorride quello là?» indicando col dito il personaggio.

«Ai pazzi allegri come voi e come me, agli imbecilli!» rispose il Mandralisca.

Appendice prima

Lettera di Enrico Pirajno barone di Mandralisca al barone Andrea Bivona da servire da prefazione al «Catalogo dei molluschi terrestri e fluviatili delle Madonie e luoghi adiacenti» – Palermo – Dalla stamperia Oretea – via dell'Albergaria num. 240 – 1840.

Egregio amico

Poiché occupato nella esercitazione della vostra carica non poteste meco visitare i Nèbrodi, mi affretto a soddisfare la vostra curiosità, trasmettendovi il catalogo, dove troverete enumerate le specie di Molluschi terrestri e fluviatili da me rinvenute nella escursione fatta a quelle montagne e luoghi adiacenti il giugno ora scorso. In leggendolo vi accorgerete di leggieri di quante specie siasi accresciuta la Malacologia Siciliana, facendo delle ricerche semplicemente in una piccola contrada, comeché delle meglio interessanti dell'Isola; e di quante altre ancora potrebbesi sempreppiù andare arricchendo, ove i coltori di questa scienza frugassero con solerzia tutte le parti della nostra classica terra.

La Malacologia terrestre e fluviatile in Sicilia sinora è rimasta negletta, perché lo studio della Zoologia, per mancanza di mezzi (voi già lo avete avvertito) nei tempi andati è stato poco coltivato fra noi; né gli stranieri, i quali son venuti a mietere nei nostri campi, han potuto illustrare quella branca della Storia Naturale, perciocché, contenti solo di descrivere le specie, che nelle fugaci escursioni sonosi loro parate dinnanzi, addentrati non si sono nell'Isola. Così Deshayes, nella spedizione di Morèa, visitando la costa orientale della Sicilia, poche specie di Molluschi descrivea; Jan poche altre notavane, con nomi strani, nel suo Catalogo; e l'alemanno Philippi, per non dir d'altri, non enumerava che le più volgari. È opera questa da intraprendersi dai Siciliani, e mi gode l'animo nello sperare, che la si vedrà compita, or che in vari paesi dell'Isola, in onta delle difficoltà, si coltiva la Scienza di Fauno, e con alacrità, seguendo il vostro generoso esempio, si scoprono, e descrivono gli oggetti malacologici.

Io volendo per quanto è in me secondare questa intrapresa, ho cominciato dal ricercare i Nèbrodi quai monti, che non sono stati visitati da malacologi, e che per le cosmiche influenze doveami presentar dei Molluschi interessanti.

E in vero su quelle montagne, che ergono le lor creste più di 1400 canne sopra il livello del mare, fra balze inaccessibili osservansi vasti piani, il maggiore dei quali della estensione di 30813 canne quadrate vien detto della Battaglia, poiché quivi succedeva una delle più sanguinose battaglie del medio evo, che i Normanni davano a ventimila Saraceni e crudelmente sterminavano.

Copiose e di varia temperatura sono le sorgive delle acque, che or serpeggiando irrigano i praticelli smaltati di fiori, o furiosamente squarciando i fianchi di quei monti, precipitano giù per dare origine a vari fiumi.

Ivi la Natura vivente dispiega rigogliosa la sua potenza; ivi l'eccelse Querce, i Sugheri, i Lecci, i Frassini, gli Olmi rivestono l'erte, e le vallate delle falde, mentre gli Acrifogli, i Pini, gli Aceri si estendono fin presso le sommità ghiacciate, le quali o sono adorne di Faggi, o calve affatto dànno a dividere la calce secondaria; ivi prosperano ogni maniera di arbori e di erbe, che olezzano d'ogni intorno grata fragranza, ed offrono al botanico moltissimo materiale per le dotte sue lucubrazioni.

Prodigioso è il numero degli animali, che abitano in quelle regioni o nei boschi o nelle caverne o nelle acque o sopra i fiori o nei tronchi infracidati, o nei crepacci delle rupi: diguisaché si sente dappertutto un linguaggio misterioso, ora espresso con urla e guaiti, ora con melodie e gemiti, ora col ronzio degli entomati, ora col sibilo delle bisce; e questo linguaggio, che pur è quello eloquente dello amore, ripercosso dalle cave rocce nelle buje foreste, riempiendo lo spirito di una dolce malinconia lo riconcentra e invitandolo a deporre ogni frivolezza dell'umana società, lo eleva all'idea del sublime.

La Sicilia tutta non offre tanti e sì svariati oggetti, specialmente per la botanica e zoologia, quanto le Madonie sole ne offrono riuniti insieme; né avvi luogo più adatto di quello per contemplare la grandezza della Natura, perciocché nelle solitudini lo dirò con Zimmerman, le facoltà dell'anima si rendono sommamente estese, vivaci, acute, e sublimi.

Sarebbemi caro lo spaziare alquanto sulle sensazioni gratissime, che in me produsse la vista delle Madonie, se non temessi di stancarvi oltrepassando i limiti d'una semplice lettera. Se non che non posso dissimularvi, che in mezzo di tante impressioni piacevoli sentiva sorgere a quando a quando nell'animo un sentimento di cordoglio per questo solo, che la Sicilia fra tante naturali dovizie non si ha ancora né la Fauna, né la Flora Nebrodica. Ma quest'ultima ora la reclama al nostro amico Filippo Parlatore, come a colui, che sendo cultore egregio di botanica, ed avendo erborato in quei monti, può e dee dare alla scienza un lavoro interessante. E mi fia dolce anche sperare, che la Zoologia verrà illustrata da voi, che a buon diritto meritate dalla scienza, e colle opere e coll'ingegno seguite le orme dell'illustre vostro genitore.

Appendice seconda

Nota – di – talune specie di molluschi terrestri e fluviatili di Sicilia – Di Enrico Pirajno – barone di Mandralisca – Palermo – Estratto dal Giornale letterario – num. 230 – 1842.

L'anno scorso, pubblicando il Catalogo dei Molluschi delle Madonie, promettea scrivere la generale Malacologia terrestre e fluviatile della Sicilia. A questo fine miravano le mie escursioni in quelle montagne, e poscia nelle Caronie, nelle campagne di Messina, di Catania, di Siracusa e di altri luoghi. Per isdebitarmi col pubblico io dovrei intanto percorrere il rimanente dell'Isola, ricercarne i molluschi, studiarli, descriverli, il che abbisogna ancora di molto tempo e di molta fatica.

E benché io continuerò lietamente la mia impresa come quella che potrebbe servire ad ornamento della mia patria, pure non essendo le ultime mie ricerche riuscite vane, anzi avendo la Siciliana Malacologia esteso per esse il suo dominio sopra molte specie nuove, o credute proprie di straniere terre, ho divisato per ora pubblicare la presente nota, che spero appagherà almeno in qualche parte la curiosità degli amatori di questa scienza.

II
L'albero delle quattro arance

Il *San Cristoforo* entrava dentro il porto mentre che ne uscivano le barche, caicchi e gozzi, coi pescatori ai remi alle corde vele reti lampe sego stoppa feccia, trafficanti, con voci e urla e con richiami, dentro la barca, tra barca e barca, tra barca e la banchina, affollata di vecchi, di donne e di bambini, urlanti parimenti e agitati; altra folla alle case saracene sopra il porto: finestrelle balconi altane terrazzini tetti muriccioli bastioni archi, acuti e tondi, fori che s'aprivano impensati, a caso, con tende panni robe tovaglie moccichini sventolanti.

Sopra il subbuglio basso, il brulicame chiassoso dello sbarcatoio e delle case, per contrasto, la calma maestosa della rocca, pietra viva, rosa, con la polveriera, il tempio di Diana, le cisterne e col castello in cima. E sopra la bassa fila delle case, contro il fondale della rocca, si stagliavano le due torri possenti del gran duomo, con cuspidi a piramidi, bifore e monofore, soffuse anch'esse d'una luce rosa sì da parere dalla rocca generate, create per distacco di tremuoto o lavorìo sapiente e millenario di buriane, venti, acque dolci di cielo e acque salse corrosive di marosi. Tanta agitazione era per le pesche abbondanti di que' giorni. Si diceva di cantàri e cantàri di sarde sàuri sgombri anciove, passata portentosa di pesce azzurro per quel mare che manco i vecchi a memoria loro rammentavano.

E venne su la febbre, gara tra flotta e flotta, ciurma e ciurma, corsa a chi arrivava primo a piazzarsi sul filo giusto dei sessanta passi. E gara tra famiglie, guerra. Smesso lo sventolìo dei pannizzi, il vociare, si chiusero le imposte con dispetto. I vetri saettarono bagliori pel sole in faccia, orizzontale, calante verso la punta là, Santa Lucia, e verso Imera Solunto l'Aspra il Pellegrino. Era novembre, vicino a San Martino, e tutta la costa ancora si faceva a scaglie, palpitante, come le pietre d'oro dei musaici del duomo, nei cieli, tra l'ali di pavone degli angeli alle vele, tra frasche di viti e palme ai costoloni, nei capelli fluenti del Pantocratore.

Si fece calma. La banchina si spopolò a poco a poco.

«Giovannino, siamo a Cefalù!» fece il mercatante liparese sopra il *San Cristoforo* come svegliandosi dall'incanto che l'aveva preso quello spettacolo festoso della vita. Sorrise e si volse verso il ragazzo per avere anche da lui un cenno di contento. Lo trovò imbronciato, come preso da malumore o da paura.

«I nostri pescatori delle Eolie non fanno tanto schiamazzo. E pure l'altra gente resta calma» disse il garzone Palamara.

«Ma questa è la Sicilia, Giovanni!» gli disse il mercatante dandogli una manata sulla spalla. Giovanni lo guardò, tirò il fiatone e subito rise con la bocca aperta.

«Su, si sbarca» disse il mercatante. «Andiamo a ritirare la cassetta.»

Giovanni si guardò la mano con la guastella tonda smozzicata che, entrati in porto, s'era dimenticato di finire. Si sporse dalla murata lì del càssero e la lanciò in mare. Un branco di cefali vi s'avventò in un attimo facendo spruzzi e schiuma a pelo d'acqua.

Il Chinnici e il Bajona furono i primi a salire a bordo non appena si sistemò la passerella. Com'era e come non era, que' due sbirri si trovavano presenti in ogni strada vanella baglio piano porta salita falda e per tutta la marina. Ad ogni ora, dall'alba fino a tre, a quattr'ore di notte. Muti, torvi e circospetti. Chinnici aveva fama per il trettarì. Sempre quello, da due anni, da quando mise piede a Cefalù. Si presentava al pizzicagnolo: pasta estratto ricotta pecorino caciocavallo tonno bottarga aringhe pescestocco... (moglie, tre figli e suocera a carico con fame d'allupati). Col pollice e l'indice tirava dal taschino l'argento bianco, glielo metteva sotto il naso fissandolo negli occhi. «Che fa, mi scangia?» gli diceva. «Vossia scherza?» gli rispondeva il pizzicagnolo. «Dove lo trovo il resto? Un'altra volta, dopo, dopo mi paga.» La medesima faceva poi col carnezziere, il pescivendolo, il panettiere, l'acquaiolo, l'ortolano. S'approfittava financo dell'Ersilia, la vecchia che vendeva per le strade cicorie cacocciole asparagi finocchi babbaluci, secondo la stagione.

Il Bajona, forse perché scapolo e in più napolitano, teneva passione solo per le fardelle. Crucilla Francavilla Marchiafava Giudecca e tutto il Vascio erano i suoi quartieri. Andava a 'na cert'ora, pancia in avanti e baffi impomatati, la busta bianca in una mano, bussava alla porta col marito a riposo dentro la Vicarìa o pure a Favignana. «Chi è?» «Songo Bajona, 'a ligge, aprite! Tengo notizie do marito vosto.» Tric e trac ed era dentro.

Si presentarono davanti al capitano spalla a spalla, uno nero, Chinnici, come un corvo, e l'altro alto, Bajona, chiaro e rosso come 'na persica liscia.

«Che portate?»

«Schiuma di fuoco liquido.»

«Minchionate?»

«Sia mai!»

«E allora?»

«Guardate giù da voi» e il capitano fece aprire il boccaporto. Si sporsero ambedue portando le pale delle mani a paraocchi per penetrare il buio. Ossa? Sale? Zucchero? Farina? Manna? Neve? O magari polvere di Cipro per i capelli e le guance delle dame?

Non osarono parlare.

«Si vede nu cazzo!» dice Bajona.

«Là sotto?» dice il capitano.

«Che capiste? Che dicite?!» dice Bajona.

«Voi avete detto...» dice il capitano.

«Ho detto che non si vede niente...» dice Bajona. «...Solo 'na cosa bianca...»

«'Na Madonna!» interviene il mercatante aprendo d'un colpo il coperchio laterale della cassa di legno che Giovannino reggeva sopra le braccia. Apparve, come dentro una nicchia, circondata dalla paglia, la testa d'una donna, tagliata sotto il collo.

Era una bella donna, nutrita bene, impassibile, lo sguardo vuoto come lontano, i capelli in doppia banda che andavano indietro come onde. E sopra la testa teneva una corona o cappello a forma di pignatta. Era in terra cotta e un po' fiaccata. Una linea le attraversava l'occhio destro, un'altra partiva dalla radice del naso, tagliava il labbro e arrivava fino al mento. Altre linee leggere guizzavano sul fronte. Il Chinnici e il Bajona restarono allocchiti a fissare la Madonna, e poi quell'uomo che aveva parlato, sorridente come a sfottò, quel garzone sodo e impalato, gruppo sbucato accanto a loro chi lo sa da dove.

«Che Madonna?» riesce a dire Bajona.

«Kore» dice il mercatante.

«Del Sacro Core?» dice Bajona.

«No. Solo Kore» dice il mercatante.

«Ma voi chi siete? Che volete?» sbotta il Bajona.

«Sono un passeggero che vuole sbarcare. Mi rassegno: don Gaetano Profilio, di anni trentatre, da Lipari, di professione mercatante. E questo è il mio garzone, Giovanni Palamara, di anni diciassette, da Lipari» e così dicendo il mercatante porse al Bajona le sue carte. Il Bajona le guardò un momento facendo finta di saperi leggere e le passò al Chinnici. Chinnici se le mise sotto il naso e aiutandosi con l'indice cominciò a sillabare.

«Vendete queste Madonne?» chiede Bajona.
«No...» risponde il mercatante sorridendo.
«E allora che siete venuto a vendere qui a Cefalù?»
«Vengo a comprare.»
«Che?»
«Tonno. Tonnina, ventresca, bottarga, cuore, ficazza, lattume e buzzonaglia.»
«E 'sta Madonna?»
«Un presente.»
«Per chi?»
«Per il signor barone Mandralisca da parte dello speziale Carnevale, un suo amico che risiede a Lipari.»
«Che se ne fa? 'Na testa di Madonna di creta come i càntari, con rispetto parlando, che fanno a Santo Stefano Camastra, e in più tutta fiaccata... 'Sti nobili, sono tutti stravaganti!» sentenziò il Chinnici. Il mercatante, chiudendo la cassetta, gli sorride.

«Possiamo sbarcare?» dice.
«Va buono» dice Bajona.
«Va buono» dice Chinnici.

Il mercatante, salutati il capitano e i due sbirri, va, seguito dal garzone Palamara, ma si ferma, torna indietro e fa:

«Schiuma di fuoco liquido che dichiara il capitano corrisponde a pomice. E quando vi dirà lacrima dolce d'ambra settembrina intendete malvasìa; e roselle di muro sottomarino fate conto che sono càpperi.»

«Ah!» fa Bajona.
«Ah!» fa Chinnici.

«Il nostro capitano parla in metafora, la lingua della gente che vive avanti e indietro sopra il mare, come i beduini del deserto.»

«Ah!» fanno insieme il Bajona e il Chinnici.

Il capitano, un po' contrariato per il disvelamento, tira fuori di tasca un foglio e lo consegna.

Dobbiamo ancora dire che il Bajona non sapeva leggere e che il Chinnici a decifrarlo ci metterà un anno?

Quindi lo riportiamo qui di sotto, avendo del lettore gran rispetto, sapendo che alle volte il tempo vero e il tempo del racconto sono in disaccordo.

Lipari li 8 Novembre 1856

Ho caricato col nome di Dio a buon salvamento una volta tanto in questo porto di Sotto il Monastero per conto e rischio del signor Ferlazzo Onofrio sopra e sotto coperta della sua Nominata San Cristoforo al comando di Bartolomeo Barbuto per condurre e consegnare in questo suo presente viaggio in Cefalù le appiè nominate, e numerate mercanzie sciutte, intiere, e ben condizionate, segnate come di contro,
e così promette detto Capitano al suo salvo arrivo consegnarle al Signor Michelangelo Di Paola e di nolo gli sarà pagato secondo contratto
e per fede del vero sarà questa con altre simili firmata da detto Capitano e non sapendo egli scrivere, per lui da terza persona ed una compita le altre restino di niun valore.
C. 1428. Dico Cantàra mille quattrocento ventotto pietra pomice
S. 175. Dico Salme cento settanta cinque vino malvasìa
N° 7. Dico Numero sette barili di càpperi salati qualità puntina.

E mentre che il Chinnici sta leggendo con gran sforzo, noi seguiamo il nostro mercatante e il giovane garzone Palamara, cassetta di legno sopra la spalla e sotto il braccio opposto, contro il fianco, bagaglio personale del padrone, tutto muscoli, svelto e spiritoso come portasse due cardellini sopra il dito.

Discesi che furono sullo sbarcatoio, passata la Porta a Mare, imboccarono la strada detta Fiume. Giovanni era eccitato e divertito per la gran vita che c'era in questa strada: carusi a frotte correndo sbucavano da strada della Corte, da Porto Salvo, da Vetrani, da vanelle, bagli e piani, su da fondaci interrati, giù da scale che s'aprivano nei muri e finivano nel nulla, in alto, verso il cielo; vecchi avanti agli usci intenti a riparare rizzelle e nasse; donne arroganti, ceste enormi strapiene di robe gocciolanti in equilibrio sopra la testa e le mani puntate contro i fianchi, che tornavano dal fiume sotterraneo, il Cefalino, alla foce sotto le case Pirajno e Martino, con vasche e bàsole per uso già da secoli a bagno e lavatoio. Sui discorsi, le voci, le grida e le risate, dominavano i colpi cadenzati sopra i cuoi dei martelli degli scarpari, innumeri e invisibili dentro i catoi.

Il mercatante, come dal *San Cristoforo* allo spettacolo dello sbarcatoio, guardava dappertutto estasiato e sorrideva.

Oltrepassarono la chiesa di San Giorgio e il Reclusorio delle Orfane, la chiesa di Sant'Andrea e il Convento dei Padri Eremitari. Furono all'angolo della strada Badia: dritta e stretta come una lama, dalla strada Fiume fino al piano della chiesa. Vi dominava in fondo, in prospettiva, enorme, alta, la torre campanaria di sinistra, quella del vescovo, a detta degli esperti, del Duomo dedicato al Salvatore.

«Ci siamo» disse il mercatante. «È in questa strada che abita il barone.»

Chiese del palazzo a una monaca di casa, tutta infagottata in gonne, mantelline e veli, in estasi davanti a un tabernacolo. La monaca, senza distogliere lo sguardo dal corpo ignudo, infrecciato e sanguinante di Santo Bastiano, indicò con la mano un portone imbullettato. Il mercatante bussò, col battente di ferro a testa di leone, un colpo, piano, e poi forte, e ancora più forte e a colpi più frequenti. S'affacciarono le donne della strada, guardarono curiose i due foresti e ridacchiarono. Il mercatante rispose a quelle risa con un sorriso largo, ma non chiese del mistero del silenzio e della sordità di quella casa. Decise: diede una spallata e la bussola cedette come fosse una cortina di damasco.

Mentre che i due salivano la scala, scendeva trafelato, zoccolante, rosso affannato, il grembiule a righe che gli copriva tutto il davanti, Sasà, il criato e maggiordomo del barone.

«Gesù e Maria, Gesù e Maria!» faceva scendendo. E poi s'arrestò, quando s'accorse di quei due che imperterriti gli venivano d'incontro.

«E voi chi siete, che volete?»

Il mercatante, sorridendo, continuava a salire, con Giovannino appresso. Sasà se li trovò davanti. Impaurito, aprì larghe le braccia e mise in evidenza tutta la pancia.

«Basta, fermi!» intimò con la sua voce stridula e tremante. «Non si passa!»

«Annunciami subito al signor barone Mandralisca» gli disse il mercatante mettendogli una busta nella mano.

«Il signor barone riposa... No... Lavora. Scrive... E quando scrive non vuole...»

«Annunciami!» lo interruppe il mercatante.

«Sissignore» disse Sasà. Girò le spalle e, con le gambe aperte, si diede ad arrancare per la scala.

Il mercatante e Giovannino guadagnarono svelti il pianerottolo ed entrarono veloci nell'ingresso. Giovanni depose per terra prima il bagaglio e poi con cautela la cassetta.

«Siate il benvenuto in questa casa, signor...» disse il barone Mandralisca facendo capolino nell'ingresso dall'uscio del suo studio, in vestaglia di seta e papalina in testa, la penna d'oca tra le dita, guardando da sopra il *pince-nez* in bilico sopra la punta del naso.

«Giovanni Interdonato» rispose il falso mercatante con un profondo inchino.

«Il deputato?!»

«Se vossignoria crede che vi sia ancora una deputazione...»

«No, no... Sapete bene che mi riferisco al quarantotto... Eravamo colleghi, ma non mi ricordo d'avervi incontrato qualche volta al Parlamento. Ma non eravate in esilio? A Londra, mi risulta, o a Parigi.»

«Ero e sono a Parigi, signore. E anche adesso che vi parlo

qui davanti» disse Interdonato a voce bassa. «Io, signore» proseguì, scandendo le parole, «sono il mercatante Gaetano Profilio da Lipari, indirizzato alla signoria vostra dallo speziale Carnevale, che vi manda questo presente» e indicò la cassetta di legno lì per terra, in segno di rispetto e di ricordo. «Del resto, il biglietto col quale sono stato preceduto spiega chiaro...»

«Sì, sì, ho capito...» lo interruppe il barone sorridendo, deposta la penna su una mensola, andandogli incontro, con le mani tese. Si salutarono con una forte stretta.

«Vi prego, vi prego, accomodatevi, venite intanto nel mio studio» disse il barone cingendogli le spalle con il braccio quasi a volerlo spingere in avanti. Interdonato si voltò a indicare il garzone Palamara che, braccia incrociate sul petto e un riso fisso stampato sulla faccia, s'era goduto tutta la scenetta.

«Ah, sì» fece il barone. «Sasà s'occuperà di lui...» e tirò un pendaglio e suonò un campanello.

Apparve subito Sasà, tutto elegante nella sua livrea, ma con la faccia un po' contrariata.

«Eccellenza...»

«Sistema quel ragazzo nel quartiere vostro e porta il bagaglio del signore nella stanza verde che dà sopra il terrazzo. Quella cassetta lasciala dov'è» ordinò il Mandralisca.

Entrò nello studio assieme a Interdonato e chiuse la porta dietro le spalle.

Lo studio del barone sembrava quello d'un sant'Agostino o un san Girolamo, confuso e divenuto un poco squinternato nell'affanno della ricerca della verità, ma anche la cella del monaco Fazello e insieme il laboratorio di Paracelso. Per tutte le pareti v'erano armadi colmi di libri nuovi e vecchi, codici, incunaboli, che da lì stracipavano e invadevano, a pile e sparsi, la scrivania, le poltrone, il pavimento. Sopra gli armadi, con una zampa, due, sopra tasselli o rami, fissi nelle pose più bizzarre, occhio di vetro pazzo, uccelli impagliati di Sicilia, delle Eolie e di Malta. Il cannocchiale e la sfera armillare. Dentro vetrine e teche, sul piano di tavolini e di consolle le cose più svariate: teste di marmo, mani, piedi e braccia; terre cotte, oboli, lucerne, piramidette, fuseruole, maschere, olle e scifi sani e smozzicati; medaglie e monete a profusione; conchiglie e gusci di lumache e chioccioline. Nei pochi spazi vuoti alle pareti, diplomi e quadri. In faccia alla scrivania, nel vuoto tra due armadi, era appeso il quadro del ritratto d'ignoto d'Antonello; sulla parete opposta, sopra la scrivania, dominava un grande quadro che era la copia, ingrandita e colorata, eseguita su commissione del barone dal pittore Bevelacqua, della pianta di Cefalù del Passafiume, che risale al tempo del seicento. La città era vista come dall'alto, dall'occhio di un uccello che vi plani, murata tutt'attorno verso il mare con quattro bastioni alle sue porte sormontati da bandiere sventolanti. Le piccole case, uguali e fitte come pecore dentro lo stazzo formato dal semicerchio delle mura verso il mare e dalla rocca dietro che chiudeva, erano tagliate a blocchi ben squadrati dalla strada Regale in trasversale e dalle strade verticali che dalle falde scendevano sul mare. Dominavano il gregge delle case come grandi pastori guardiani il Duomo e il Vescovado, l'Ostèrio Magno, la Badìa di Santa Caterina e il Convento dei Domenicani. Nel porto fatto rizzo per il vento, si dondolavano galee feluche brigantini. Sul cielo si spiegava a onde, come orifiamma o controfiocco, un cartiglione, con sopra scritto COEPHALEDUM SICILIAE URBS PLACENTISSIMA. E sopra il cartiglio lo stemma ovale, in cornice a volute, tagliato per metà, in cui di sopra si vede re Ruggero che offre al Salvatore la fabbrica del Duomo e nella mezzanìa di sotto tre cefali lunghi disposti a stella che addentano al contempo una pagnotta.

L'Interdonato, alla vista dello stemma, si ricordò della guastella buttata dentro l'acqua da Giovanni e subito morsicata dai cefali del porto. La sua mente venne attraversata da lampi di pensieri, figure, fantasie. Stemma di Cefalù e anche di Trinacria per via delle tre code divergenti, ma stemma universale di questo globo che si chiama Terra, simbolo di storia dalla nascita dell'uomo fino a questi giorni: lotta per la pagnotta, guerra bestiale dove il forte prevale e il debole soccombe... (*Qu'est ce que la propriété?*)... Ma già è la vigilia del Grande Mutamento: tutti i cefali si disporranno sullo stesso piano e la pagnotta la divideranno in parti uguali, senza ammazzamenti, senza sopraffazioni animalesche. E cefalo come Cefalù vuol dire testa; e testa significa ragione, mente, uomo... Vuoi vedere che da questa terra?...

Sorrise, distolse lo sguardo dalla pianta e disse al Mandralisca:

«Mai vista tanta scienza sparsa, neanche a Parigi nella casa di Victor Ugo, lo scrittore, e né in quella del filosofo Proudhon.»

«Per carità, per carità...» si schermì il barone vergognoso e sbalordito nello stesso tempo a sentire quei nomi così grossi. Liberò una poltrona dai libri per far sedere l'ospite.

«Sto solo attendendo adesso a un'opera che riguarda la generale malacologia terrestre e fluviatile della Sicilia che da parecchio tempo m'impegna fino in fondo e mi procura affanno...» spiegò il Mandralisca buttandosi a sedere come stanco sopra la sedia dietro la scrivania.

«E voi pensate, Mandralisca, che in questo momento siano tutti lì ad aspettare di sapere i fatti intimi e privati, delle scorze e delle bave, dei lumaconi siciliani?»

«Non dico, non dico...» disse il Mandralisca un po' ferito. «Ma io l'ho promesso, già da quindici anni, dal tempo della stampa della mia memoria sopra la malacologia delle Madonie...»

«Ma Mandralisca, vi rendete conto di tutto quello che è successo in questi quindici anni e del momento che viviamo?»

«Io non vi permetto!...» scattò il Mandralisca.

«E voi invece, barone, mi dovete permettere, perché non siete un *pazzo allegro,* un *imbecille* o calacàusi come la maggior parte degli eruditi e dei nobili siciliani... Voi siete un uomo che ha le capacità di mente e di cuore per poter capire... E siete uno dei pochi che non ha ritrattato...»

«Ma voi, ma voi...» cominciò a fare il Mandralisca, sgranando gli occhi dietro le lunette del *pince-nez,* spostandoli meravigliato dal volto dell'Interdonato a quello, sopra, dell'ignoto d'Antonello. Quelle due facce, la viva e la dipinta, erano identiche: la stessa coloritura oliva della pelle, gli stessi occhi acuti e scrutatori, lo stesso naso terminante a punta e, soprattutto, lo stesso sorriso, ironico e pungente.

«Il marinaio!» sclamò il Mandralisca.

«Sì, barone, ero io quel marinaio sopra il veliero che quattro anni orsono navigava da Lipari verso Cefalù toccando il Tìndaro. E sapevo perfettamente cosa portavate gelosamente stretto al petto e avvolto nella tela cerata...»

«Come?!»

«Catena.»

«La figlia di Carnevale?»

«Signor sì.»

«Una picciotta un poco originale.»

«Catena è la mia promessa sposa.»

«Oh, scusate.»

«Non scusatevi. La sua originalità consiste nell'aver visto il suo innamorato, di persona, solo cinque volte, sempre fuggevolmente e di nascosto. E il suo struggimento era acuito dalla presenza vacua e inafferrabile, ma perenne e irritante (anche, bisogna dirlo, per via di quel sorriso) di questo ritratto qui dell'Antonello che, come voi stesso avete rilevato, mi somiglia come stato foss'io il committente. Capite perché Catena un giorno l'ha sfregiato sopra la bocca e del perché lo speziale suo padre l'ha venduto?

La povera ragazza ha avuto la disgrazia d'innamorarsi d'un rivoluzionario.»

«Ma cosa facevate sopra quel veliero mascherato da marinaio?»

«Venivo da Parigi, barone, dove avevo avuto incarico da parte del Comitato Esecutivo, da Landi, Friscia, Michele Amari, Carini e Milo Gugino, di tenere i rapporti, oltre che col Comitato Nazionale di Londra e col Mazzini, anche con gli altri gruppi d'esuli sparsi dappertutto, a Marsiglia Genova Torino Firenze Pisa Livorno Tunisi e Malta, fino ad Alessandria d'Egitto e a Costantinopoli. Ero, e sono tuttavia, una sorta d'ambasciatore clandestino, costretto sempre a viaggiare assumendo la parte di marinaio o mercatante o d'altro povero diavolo per sfuggire alle polizie o, peggio, agli spioni confidenti. Allora, quando ebbi la ventura d'incontrarvi, da Livorno m'ero spinto fino alle Eolie per rivedere, sia pure per poco, la povera Catena. Da Palermo poi passai a Tunisi...»

«E adesso, Interdonato?» chiese il Mandralisca sempre più meravigliato.

«Adesso, barone, i tempi sono stretti e infocati... Siamo alla vigilia dell'Evento Grande. Sotto bandiera neutra, come dichiara "La libera parola", ormai siam tutti concordi, Pisacane Mordini Pilo Mazzini Fabrizi La Masa Calvino Errante...»

«E il La Farina?» chiese timidamente il Mandralisca.

«Quel traditore e servo di Cavour!» si lasciò scappare l'Interdonato. «Mi perdoni. Mi dispiace solo che sia messinese come me e... come l'Antonello...» aggiunse sorridendo. Fece una pausa, incrociò le braccia, rizzò il busto e, fissando il barone con fermezza, disse a voce chiara:

«Barone, questa volta son venuto espressamente qui da voi per chiedervi tre favori grossi.»

«Dite» disse il Mandralisca allargando le braccia, un po' disposto e un po' con titubanza.

«Primo: avere qui da voi, in questa vostra casa sicura e insospettata, una riunione con i fratelli della zona. Voglio incontrare i due Botta, il Guarnera, il Bentivegna, il Civello, il Buonafede, Gugino...»

«Il povero Spinuzza...»

«So, so che da tre anni giace nella galera... Ma v'assicuro, ancora per pochi giorni...»

«La seconda?»

«Avere dalla signoria vostra lettera raccomandatizia per il Landolina a Siracusa. Da quella città m'imbarcherò per Malta.»

«Terza?»

«Tenere presso di voi, solo per poco tempo, il ragazzo che avete veduto poc'anzi nell'ingresso. Non è il mio garzone, ma il figlio d'un ricco mercatante di Lipari, Palamara, cugino a Catena Carnevale. È stata lei a istruirlo. Ha solo diciassett'anni ed è già bruciato per le sue idee rivoluzionarie. A Lipari rischiava da un momento all'altro d'essere preso e chiuso dentro una cella del castello sopra la Cìvita.»

Il Mandralisca si mise a tamburellare con i polpastrelli sopra il piano della scrivania, svagato, come soprappensiero. L'Interdonato lo scrutava sorridendo.

«D'accordo» disse il Mandralisca svegliandosi di colpo e guardando dritto in faccia il suo interlocutore. «Farò del mio meglio per esaudire le vostre tre richieste. Ma debbo confessarvi che la più dura per me sarà la prima. Non giudicatemi pavido o inospitale. Sappiate che in questa casa bazzicano delle persone insulse e anche ficcanaso, pettegole, curiose e, quello che più importa, strenui adoratori del Borbone. Non fatemene una colpa. Voi sapete bene come sia difficile in Sicilia tener lontani i cosiddetti amici. Uno può difendersene per un po' di tempo, ma poi alla fine cede, si arrende per stanchezza... E questa gente ti capita in casa ad ogni ora con la scusa più banale che ti viene presentata come problema urgente e capitale. Quello che è vero è ch'hanno paura di restar da soli, afflitti sempre dall'ansia dell'esistere... Dei fatti fuori di loro, degli altri non gliene importa un fico, convinti intimamente che lo stato fortunato in cui son nati sia dovuto a leggi divine e incommutabili. Già da voi avete sperimentato come Sasà, facendo violenza alla sua natura debole e paciosa, s'è trasformato nel mio gendarme personale... Almeno per quelle ore che debbo lavorare. Piuttosto... Pensavo: non sarebbe meglio incontrarvi, voi e questi altri, nella casina d'un mio fondo, Campo di Musa, appena fuori qui di Cefalù?»

Bussarono alla porta e apparve il maggiordomo annunciando che la signora baronessa e la signorina Annetta erano già pronte per la cena.

«Avremo tempo di parlarne dopo» disse il barone alzandosi. E a Sasà:

«Accompagna il signore nella sua stanza.»

Fumava la pasta zito nei piatti condita con sarde, finocchietti, pinoli e uva passa, mentre l'Interdonato, forchetta in una mano, occhi socchiusi, apriva le narici come in abbandono al piacere di risentire dopo tanto tempo un profumo delizioso e casalingo.

Annetta Parisi e Pereira, la nipote della baronessa, guardò di sottecchi il commensale e rise con i suoi gorgheggi cristallini. E il discorso allora cadde sulle salse di Parigi, sul cuscus e le spezie di Tunisi e di Malta, sulla cucina piatta, tutta di carne, cruda e cotta, con la coda fantasiosa qualche volta dei fagioli, di Torino.

«Carbàni e montanari!» sentenziò l'Annetta.

«E quei vini...» aggiunse il Mandralisca. «Sono tristi e sordi, cupi come loro.»

E si parlò dei pesci: dei tòtani, aragoste e calamari delle Eolie; delle sarde, anciove e sgombri del palermitano; del pesce spada e delle costardelle dello Stretto.

«Tòtano pieno!» esclamò l'Annetta, e subito fu presa da un riso convulso come non s'addiceva a una signorina come lei.

«Annetta!» la richiamò la zia.

«Scusate, scusate» fece Annetta ancora tra le risa. E spiegò come, quando abitava ancora a Lipari, quel soprannome l'avevano incollato (ma era stata Catena ad inventarlo, proprio Catena Carnevale!) a un giovinottello che a quel tempo le faceva l'occhio di triglia.

«Avete voi presente il tòtano ripieno d'impasto d'uovo con mollica e cacio e affogato nella salsa? Quando si mette sul piatto è gonfio gonfio, liscio e lucido che pare stia per scoppiare. Così era Bartolo Cincotta, il figlio del dottore. E aveva una vocetta... Poi ho saputo che s'è chiuso in seminario.»

«Diventerà un bel vescovo e forse cardinale» disse sorridendo l'Interdonato.

«Ah, quella Catena, aveva una fantasia!...» disse Annetta.

«E non l'ha persa, no» disse l'Interdonato. «Anzi, credo che adesso le si sia sfrenata.»

«Perché?»

«Scrive le poesie...»

«D'amore, immagino...»

«Tutt'altro. Direi che sono d'odio.»

«Per chi?»

«Per tutto quanto c'è d'ingiusto in questo nostro mondo, distorto, disumano. Scrive in particolare delle làstime e delle sofferenze dei pescatori, contadini e cavatori di pomice delle Eolie, dei loro dritti sacrosanti e da sempre conculcati; inveisce con la furia d'una erinni contro i responsabili di tutte le angherie e le disparità...»

«Però!» esclamò Annetta. «Adesso ricordo che lei leggeva sempre... Oppure ricamava.»

«Di leggere non ha mai cessato. Credo che non ci sia scrittore che ella non conosca. Prima aveva una gran passione per i nostrani, per Campanella Bruno Vico Pagano Filangieri... E ora l'ha stornata verso i francesi, Rousseau Babeuf Fourier Proudhon, ma anche per Victor Ugo e per la Sand... Non fa che chiedermi di spedirle libri da Parigi. Quanto al ricamo poi, dice che le serve per rilassare la nervosità e tirare al contempo il succo delle parole lette.»

«I beccafichi!» esclamò Rosalia, la moglie di Sasà, entrando nella sala con un piatto in mano, nera giovanile e soda, tutt'allegria e felicità.

«Bisogna mangiarli caldi, caldi caldi!» disse poggiando il piatto con le polpette di sarde sopra la tavola.

«Che fa Giovanni, il giovanotto che sta di là con voi?» chiese l'Interdonato a Rosalia.

«Ci ha una fame, ma una fame, la creatura!» rispose Rosalia facendo mulinello con la mano e spalancando i suoi occhioni di carbone.

«Come quella di Sasà?» azzardò il Mandralisca sorridendo.

«Ih, eccellenza, vossignoria che dice? Sasà ormai è tutto spetittato, non ha voglia di niente, tiene l'acidità... Che c'entra? Questo Giovanni qui invece è giovane... Bello robusto, Dio benedica, saporito...»

«E di' che ti piace, va', Rosaliuzza!» le disse il Mandralisca divertito.

«Enrico!» lo riprese la consorte.

«Bellamadre, eccellenza, che va inventando? È un caruso, gli posso far da mamma...»

«Rosalia, vai, vai di là» le ordinò la baronessa. E Annetta scoppiò in uno dei suoi sorrisi gorgheggianti.

«Ah, senti» disse a Rosalia l'Interdonato facendola fermare.

«Quando il ragazzo avrà finito di mangiare, digli, se le signore e il barone lo permettono, di passare pure di qua.»

«Sì, sì, per carità...» disse il Mandralisca.

«Sarà servito» disse con tutta grazia Rosalia.

E quando furono sul punto della frutta e dei sorbetti, videro apparire nella gran luce della sala Giovanni Palamara, un largo sorriso sopra la faccia ma gli occhi che tradivano imbarazzo.

«Oh!» esclamò Annetta. «Che bel compaesano! Questa volta ha proprio ragione Rosalia.»

La zia le fece subito gli occhiacci.

«Giovanni, e che?, e non saluti i nostri ospiti?» l'apostrofò l'Interdonato. Giovanni fece subito un inchino ma non si capì quello che mormorò in mezzo ai denti.

Annetta lo bersagliò con le domande, sui parenti e parenti dei parenti, sugli amici e conoscenti, sulla gente di Lipari e Canneto, di Santa Marina, e Malfa di Salina, di tutti i luoghi delle sette isole del piccolo arcipelago eoliano. Giovanni rispondeva a monosillabi, scontroso, intimidito dalla spigliatezza di quella signorina altolocata.

«Oh, Giovanni» gli disse Interdonato quando l'Annetta diede segno d'aver esaurito le domande, «col permesso del signor barone, vai di là nell'ingresso e porta qui la cassetta. Tu solo hai il garbo e sai come pigliarla.»

«Subito» disse Giovanni, contento di liberarsi finalmente da quel dialogo con la signorina e dagli occhi di tutti sopra se stesso.

Tornò con la cassetta e la depose adagio lì per terra.

S'alzò l'Interdonato, s'avvicinò alla cassa e, aiutato da Giovanni, tirò fuori dall'imballo del legno e della paglia la terra cotta antica della Kore. La prese con due mani e la poggiò con cautela sopra una credenza.

«Oh!» esclamarono assieme il Mandralisca, la baronessa e la nipote Annetta. Il Mandralisca cominciò a fremere, non resistette più sopra la sedia. S'alzò, inforcò il *pince-nez* e s'avvicinò alla Kore. Si mise a rimirarla estasiato, quasi col naso sopra appicciato, da tutte le parti, dalla testa al collo, e poi dietro, dove si raccoglievano a tuppé le onde dei capelli.

«Bella!» esclamava. «Bellissima!... Non so come ringraziare lo speziale. Ecco» poi disse, camminando all'indietro e fissando sempre la Kore, «se io debbo pensare a un'immagine dell'Italia Libera e Unita, è a una statua così che io penso...»

«Eh, troppo bella, barone, troppo perfetta... Anzi, direi, troppo ideale» disse l'Interdonato. «Ma, a proposito, c'è anche un regalo per la signorina Annetta da parte di Catena.» E così dicendo, l'Interdonato infilò la mano dentro la cavità della corona che la statua reggeva sopra la testa e tirò fuori una piccola tovaglia di seta ricamata. La portò sventolandola all'Annetta. Ella la prese tutta felice e la spiegò sopra la tavola per guardarla bene. Anche la baronessa Maria Francesca si scompose e curiosa s'accostò alla nipote. Sembrava, quella, una tovaglia stramba, cucita a fantasia e senza disciplina. Aveva, sì, tutt'attorno una bordura di sfilato, ma il ricamo al centro era una mescolanza dei punti più disparati: il punto erba si mischiava col punto in croce, questo scivolava nel punto ombra e diradava fino al punto scritto. E i colori! Dalle tinte più tenui e sfumate, si passava d'improvviso ai verdi accesi e ai rossi più sfacciati. Sembrava, quella tovaglia – pensò la baronessa – ricamata da una invasa dalla furia, che con intenzione ha trascurato regole numeri misure e armonia, fino a sembrare forse che la ragione le fosse andata a spasso. Ma si capiva, tuttavia, che il ricamo al centro rappresentava un albero, col tronco un po' contorto e pieno di spuntoni; in alto, un ramo senza fronde da una parte, mentre dall'altra ricco d'una macchia verde triangolare e d'altre macchioline estravaganti. Quattro palline rosse, che volevano sembrare delle arance, pendevano dai rami verso il lato destro. Attorno a queste arance erano ricamate delle scritte a semicerchio e rovesciate.

«Mi sembra un albero d'arance. Ma che significano le scritte?» chiese Annetta.

«Dal senso in cui guardate è proprio un albero d'arance» rispose l'Interdonato divertito. «Ma se provate a rovesciarlo...»

«Ma è l'Italia!» esclamò Annetta guardando la tovaglia nel senso contrapposto.

«Sì, è l'Italia» confermò l'Interdonato. «E le quattro arance diventano i vulcani del Regno delle Due Sicilie, il Vesuvio l'Etna Stromboli e Vulcano. Ed è da qui, vuole significar Catena, da queste bocche di fuoco da secoli compresso, e soprattutto dalla Sicilia che ne contiene tre in poco spazio, che sprizzerà la fiamma della rivoluzione che incendierà tutta l'Italia.»

Appendice prima

Francesco Guardione: «Il moto politico di Cefalù nel 1856» (Lettura tenuta il dì 25 novembre 1906 in Cefalù nella chiesa della Mercede, ove sorge il monumento a Salvatore Spinuzza) Cefalù – Tipografia Salv. Gussio – 1907.

[...]
Il congresso di Parigi segna la data del 1856, memorando assai per le vicende svoltesi nella parte meridionale d'Italia, pe' tentativi mossi in quell'anno dalla Sicilia, che, cancellati gli istinti regionali, durati fino al 1848, opera indegna di governanti aristocratici, aspirava all'italianità politica, al congiungersi de' varj popoli in uno, alla libertà, che doveva illuminarla, strapparla al buio di tetra notte. Palermo ha un comitato centrale rivoluzionario che corrisponde coi più volenterosi nell'interno dell'Isola, e prende vigoria dalla parola degli esuli, che, in luogo libero, scuotono la dinastia de' Borboni, tenendola inquieta, perplessa, vendicatrice sugl'insorti, già irrequieti, violenti contro le forze assolute d'un dominio, che avrebbe agognato incatenare perfino il pensiero!

La sera del 23 novembre è annunziata al luogotenente generale Paolo Ruffo, principe di Castelcicala, la rivolta di Mezzojuso, avvenuta il 22, giorno precedente. Francesco Bentivegna il dì 16 novembre si era recato in Palermo ed in altre città; e stabilendo ne' convegni congiuratorj d'insorgere il 12 gennaio 1857, per rinnovare le passate gesta al ricordo d'una data eroica. Però, mutate le prese determinazioni, il Bentivegna il dì 22, a capo di trecento armati, scende a Mezzojuso, facendo sventolare lo stendardo tricolore, inoltrandosi, col grido d'Italia, a Villafrate, a Vicari, a Ciminna, a Ventimiglia.

Ma il dì 24, entrate le soldatesche borboniche, comandate dal Ghio, a Mezzojuso, i ribelli si disperdono, e Francesco Bentivegna erra per la campagna, nascondendosi all'ira delle armi omicide, che non lo avrebbero scoperto senza il concorso del tradimento ospitale.

Più gravi e più solenni fatti si svolgevano in Cefalù, ove le preparazioni erano state un cimento, un rischio, compiute nelle ore misteriose della notte nella casa della famiglia Botta, in cui si accorreva con animo franco, in mezzo a' timori, come da essa dovesse spandersi un raggio di luce. Ivi si attendeva alle ispirazioni di opere forti; ivi si preparava la bandiera d'Italia, destinata a sventolare e ad infondere sacri affetti. Nella casa della famiglia Botta, convegno d'intrepidi, che si proponeva sfidare le forze della tirannide, si attendeva il motto d'ordine, che doveva essere comunicato per mezzo di un emissario. E giunto sul cadere del dì 25 novembre, alle ore ventidue, gli animi in Cefalù si accendono alla rivoluzione; ma Palermo, Palermo rimane inerte, lasciando così quel Comitato gesta di memorie comiche.

Sventolano la bandiera dalla loro casa, ritrovo della congiura, le signorine Elisabetta e Giuseppina Botta, da loro cucita; ed allora continuo è l'accorrere di cospiratori, possessori di un'arma, alla casa dei Botta, trovatisi pronti Salvatore Guarnera, Nicolò Botta, Andrea Maggio, Vincenzo Spinuzza e Pasquale Maggio; non trovatisi in quel primo giorno Carlo Botta, recatosi a Gratteri per un messaggio onde congiungere quelle forze alla rivoluzione; né tampoco Alessandro Guarnera, che trovavasi in Gratteri, e che, appresa la stessa sera del 25 la notizia della rivoluzione, mosse tosto per Cefalù. Sfilano impavidi i rivoluzionari, e mentre taluni di essi, percorrono la città, assalgono il posto delle guardie sbirresche e le disarmano, senza punto offenderle, Nicolò Botta, Pasquale e Andrea Maggio, coadiuvati da altri insorti, corrono in due squadriglie; delle quali una capitanata da Andrea Maggio dà l'assalto al corpo delle guardie, l'altra da Nicolò Botta corre alla prigione, sita sotto il palazzo comunale, trae da essa Salvatore Spinuzza, lo proclama capo della rivoluzione, ed inaugura il governo provvisorio. Né a questo si limita il furore popolare, ché il domani, 26, nuove squadre ingrossando la rivoluzione, specialmente quelle di Campofelice, ordinate e dirette dall'avvocato Cesare Civello, gli ardimenti si accentuano; poiché si ardono le carte della Sottointendenza.

Frattanto, la notte dal dì 25 al 26, Carlo Botta, già in missione per diversi comuni, al fine di prepararli alla riscossa, appresa la notizia dello scoppio della rivoluzione in Cefalù, conferito che ebbe con Francesco Buonafede, mosse subito per Campofelice, per intendersi una seconda volta col comitato di Termini Imerese; e, compiuta la missione, faceva ritorno in Cefalù, ove ferveva il moto. Incontratosi con la squadriglia del Civello, tutti i combattenti riunitisi, la mattina del dì 26 entravano in Cefalù; ed allora il diciassettenne Giovanni Palamara, faciente parte di quest'ultima squadriglia, fu eletto a portabandiera. Anche da Gratteri mosse la squadriglia capitanata da Francesco Buonafede, ma giunta, il dì 27, tornò indietro per rafforzare la rivolta in altro punto.

In Palermo le notizie del movimento giungevano di ora in ora; e il Castelcicala, principe luogotenente, faceva partire una fregata corazzata, il *Sannio,* che, all'apparire nella rada, riceve il saluto dalla bandiera nazionale, piantata sul bastione della marina di Cefalù. Allo scendere delle soldatesche non mancano le resistenze; e se la rivoluzione sulle prime, in quel giorno 27, viene soffocata da molte forze, non minor danno le apportarono i chièrici del Seminario; i quali fuggiti da Cefalù, allo apparire della fregata regia, nello spargersi pei luoghi natij, per le arrecate novelle, fermarono l'insorgere dei paesi vicini, già pronti ad accrescere con altre numerose squadre le forze della rivoluzione. I ribelli tentano impedire lo sbarco delle soldatesche; ma alle minacce, com'è usanza regia, di bombardare la città, pietà di patria li mosse a cedere e fuggire da Cefalù, per ridar vita alla rivoluzione sulle alture, ove erano molti comuni, non dimentichi di operare all'alta impresa; tanto che per le vie s'incontrarono colle squadre di Gratteri, di Collesano e di Castelbuono, che muovevano, balde, pari a falangi vittoriose, per Cefalù.

Dopo il lungo peregrinare del giorno 28, caduta la sera, i combattenti, in gruppi diversi, presero ricovero. In una casipola, nei pressi di Gratteri, rimasero Nicolò e Carlo Botta, Salvatore Spinuzza e Francesco Buonafede, pratico costui dei luoghi, e per alquanti giorni si diedero alla latitanza. In frangenti così funesti e terribili non mancarono gli aiuti, e quei di Gratteri rivelarono sentimenti assai generosi, ricordandosi tuttavia la nobiltà degli atti della famiglia Sidele.

Il governo spaventò coi terrori le popolazioni, e, dileguatesi le speranze, tutto ritornò tetro come nel passato. Capi del movimento politico sono creduti e affermati lo Spinuzza, Nicolò e Carlo Botta fratelli, Andrea Maggio e Alessandro Guarnera; e il governo, a facilitare i loro arresti e i loro ammazzamenti impone sulle loro teste un taglione. Accresce poi la barbarie dell'agire coll'arresto delle famiglie dei fuggenti; specialmente, e con modi non consentiti dalla civiltà e dalla umanità, della famiglia Botta, arrestando le signorine Elisabetta e Giuseppina e la madre, la signora Concetta; le quali, rinchiuse in criminali, orridi e fetenti, vi rimasero parecchi mesi, trasportate di qui pure nelle prigioni di Palermo.

I cinque, creduti attori principali del movimento, erravano, ma, colla fede dei martiri, avevano giurato, sorpresi, di patire qualsiasi tortura, non mai rivelando i nomi dei compagni. Né più tardi, il labbro loro si schiuse a consumare una viltà. Trascorso più che un mese dagli attacchi rivoltosi, i cinque profughi da San Mauro furono condotti, e l'opra bella apprestavano il prete Zito e Rosaria Calascibetta, a Pettineo da Mauro Giallombardo, cugino dei Botta. Ospitati in una casa di Giovanni Sirena, si concertavano i mezzi meno scabrosi per espatriare, recandosi in Malta; poiché funeste addippiù giungevano le notizie degli arrestati, di Giuseppe Maggio, di Pasquale e Andrea Maggio fu Antonino, di Giuseppe Re, spontaneamente presentatosi, di Salvatore Bevilacqua, di Vincenzo Sapienza, di Antonino Spinuzza, di Salvatore Maranto del contadino Santi Cefalù. I quali soffrivano troppo, né pareva avessero da sperare la liberazione o la mitigazione delle pene.

Dovunque in Sicilia si facevano minute investigazioni per rintracciare ove fossero i cinque profughi; e lavoro costante, ma infruttuoso, compivano il Gambaro, il Chinnici e il Bajona, volendo a ogni costo impossessarsi dei capi della rivolta di Cefalù.

Vane riuscivano le ricerche più minute al capitano Gambaro, gli strapazzi di proporre la destituzione per inettitudine, si univano a tale rigoroso e inquisitorio servizio il Bajona e il Chinnici, addetti alla polizia; i quali, non correndo molto tempo, scoprivano che i fuggitivi si trovavano in Patti, da un compagno affiliato Raimondo Dixitdomini.

Il Chinnici si reca allora frettoloso a Patti, e, arbitro della casa del Dixitdomini, sevizia costui, ma non giunge a strappare il segreto. Non meno zelo del Chinnici spiegava il Bajona, e la mala fortuna volle che una lettera spedita, per mezzo del marinaro Gerbino, venisse a sua conoscenza. Nicolò Botta a costui aveva consegnato una lettera, per ritirare onze 400 dall'abate Restivo, consegnategli dalla famiglia. [...] Compie allora ogni bravura poliziesca il Bajona, che, nel recarsi a Pettineo, in compagnia di 300 uomini, raggiunge al Finale il Gerbino, lo trae in un albergo, e gli estorce, con mezzi brutali, il segreto del luogo di dimora dei cinque ricercati, sottoposti al taglione.

Il Gerbino è costretto a seguire il Bajona a Pettineo; e qui, giungendo la notte del 5 febbraro, catturato il Sirena, che teneva occulti i cinque profughi e aveva consegnato la lettera al Gerbino, con l'ausilio di sette compagni d'armi, del Sindaco e della Guardia urbana si recò nella casa in cui si nascondevano Salvatore Spinuzza, Nicolò e Carlo Botta, Alessandro Guarnera e Andrea Maggio, capi della insurrezione di Cefalù. La notte il casamento fu circondato dalla numerosa forza, ordinando sull'albeggiare gli attacchi, che riescono terribili, mischiandosi il rullare dei tamburi e lo scampanìo delle campane d'un monastero, che davano lo allarme pei soccorsi. Tra' compagni d'arme, quattro prendono d'assalto il casamento, ma sono respinti dalle fucilate degl'inseguiti, e due sono feriti. Alla forza pubblica si aggiunge altro rinforzo, [...] e tutti combattono contro i cinque, ed essi sostengono fortemente il combattimento per nove ore e trenta minuti; e la resistenza eroica trova pochi paragoni. Cessa pel difetto delle munizioni. Allora, costretti, lo Spinuzza, Nicolò e Carlo Botta, il Guarnera e il Maggio, deposte le armi, si arrendono. La forza pubblica, anzi che considerare tanto valore, si tenne superba di un trionfo!

[...]

Il dì 20 dicembre 1856, dopo la sentenza del Consiglio di Guerra, che, ad unanimità, il dì 19 aveva condannato in Palermo Francesco Bentivegna alla pena di morte, se ne faceva la esecuzione.

Dei modi barbari e della decisione della Suprema Corte di Giustizia ognuno ha conoscenza; e noi qui non ci atteniamo che al solo ricordo delle parole ipocrite del Maresciallo comandante, Raffaele Zola, scritte al Direttore generale della Polizia. Dicevagli: «Mi do il pregio di assicurarla di aver disposto l'occorrente pel trasporto del sig. Bentivegna in Mezzojuso, non che le disposizioni per la esecuzione della sentenza. Le ore per i conforti della nostra Sacrosanta Religione ho determinato che dovranno essere le tre». Il dì 22 dicembre lo stesso Consiglio di Guerra, sedente nella fortezza del Castello a Mare in Palermo, condannava a morte Salvatore Guarnera, per aver preso parte ad una banda armata ribelle nei giorni 25, 26 e 27 novembre in Cefalù e Comuni del Distretto; e, sospendendo la esecuzione per attendere la grazia sovrana, la pena di morte gli fu commutata in quella di anni 18 di ferri. Dopo gli avvenimenti la città di Cefalù vide diserte e desolate le sue case: il Nicolosi, sottointendente, arrestava e metteva alla persecuzione le persone d'ogni ceto, volendo soddisfare alle vendette per sé e per non aver ancora in suo potere i fuggitivi, capi della rivoluzione. E parve soddisfatto, saputili prigioni per essere giudicati. Il Consiglio di Guerra, raccogliendosi, dopo aver udito la messa dello Spirito Santo, formulava ta' sensi: «Accusati tutti cinque di misfatti di lesa maestà e precisamente di aver cospirato contro il Real Governo e di aver eccitato con banda armata, con bandiera tricolore sventolata, ed a suon di tamburo i sudditi ad armarsi contro l'Autorità Reale in Cefalù e diversi Comuni del Distretto, frangendo Stemmi Reali ed immagini dei nostri amatissimi Sovrani; espilate le casse Regie, abbattuti i telegrafi; sequestrate le valigie dei Regi corrieri, dissacrandone le lettere; arrestati i funzionari Regi; disarmata la forza pubblica; impiantata la bandiera rivoltosa sul bastione della marina di Cefalù a vista del vapore Regio, veniente in quella rada, devastazione, saccheggio ed incendio alla Sottointendenza e palazzo del Sottointendente di Cefalù, sperdendo, bruciando carte e registri, involato quintali due e rotoli 69 di polvere agli impiegati delle strade a ruota per uso di far saltare macigni, da ultimo di aver fatto resistenza alla forza pubblica, facendo fuoco per 9 ore continue in Pettineo provincia di Messina».[1]

E coll'accusa, che rimane nelle pagine della storia del nostro risorgimento, non isconfessava che il moto politico di Cefalù era stato d'un ardimento tale da preannunziare i grandi fatti compiuti per la unità politica. E, ad unanimità di voti, costando che D. Salvatore Spinuzza, D. Nicolò e D. Carlo Botta, D. Alessandro Guarnera ed Andrea Maggio fu Ignazio, sono colpevoli dei misfatti cennati, sottoscrive la condanna della pena di morte per Salvatore Spinuzza, di anni 25, e del pari col 2° grado di pubblico esempio per Nicolò Botta di anni 22, per Carlo Botta di anni 19, per Alessandro Guarnera, di anni 26, per Andrea Maggio, di anni 28.

Pronunziata la sentenza li 11 marzo 1857, il dì 14, trascorsi tre giorni, si dava piena esecuzione alla medesima per Salvatore Spinuzza; e lutto e pianti immensi desolarono Cefalù, la città natìa, che vide passare per le armi il suo amato figliolo. I cittadini si strinsero in un cupo dolore, che attese la grande vendetta del riscatto nazionale e il flagello dei Borboni, condannati dal popolo. Non morivano di moschetto, per la implorata grazia del Consiglio di Guerra, Nicolò e Carlo Botta, Alessandro Guarnera ed Andrea Maggio; ma la commutata pena li seppelliva, per 18 anni, con condanna ai ferri nel fosso di Favignana.

---

[1] Archivio di Stato di Palermo, Carte della Polizia, 1857.

Appendice seconda o intermezzo

Da «*Noterelle d'uno dei Mille*» di G. C. Abba.

Di sul Lombardo, 11 maggio. Mattino.

La Sicilia! La Sicilia! Pareva qualcosa di vaporoso laggiù nell'azzurro tra mare e cielo, ma era l'isola santa!

Marsala, 11 maggio.

A un tratto s'ode un colpo di cannone. Che è? Un saluto! dice sorridendo il colonnello Carini, vestito d'una tunica rossa, con un gran cappello a falda, piumato, in capo. A un secondo colpo, una grossa palla passa, rombando balzelloni, tra noi e la settima compagnia, e caccia in aria l'arena.

Marsala, 12 maggio. 3 ore ant.

Ieri sera alle dieci, il caporale Plona mi piantò laggiù a piè d'uno scoglio, sentinella ultima della nostra fila, e mi ci lasciò cinque ore. Feci dei versi alle stelle.
Mercoledì. Durante il «grand'alt».

Nell'aria era un profumo delizioso: ma quel campo lì fuori le mura di Marsala, con i suoi grandi massi nerastri sparsi qua e là, con quei fiori gialli che lo coprivano a tratti, cominciava a darmi non so che senso di cose morte. Passò Bixio a cavallo...

Dopo di lui vennero alcune Guide, gente che ha navigato sul Piemonte, bei cavalli, bei cavalieri, coll'uniforme leggiadra...

Nullo caracollava bizzarro e sciolto; torso da Perseo, faccia aquilina, il più bell'uomo della spedizione...

Missori da Milano, vestito d'una tunichetta rossa che gli cresce l'aspetto di gran signore, ha in capo un grazioso berretto rosso, gallonato d'oro...

Gli altri tutti fior di giovani; carissimo un Manci da Trento, che mi fa pensare alla Fiorina del Grossi, tanto ha l'aria di fanciulla innocente.

...arrivò ultimo Garibaldi collo Stato Maggiore. Cavalcava un baio da Gran Visir, su di una sella bellissima, colle staffe a trafori. Indossava camicia rossa e calzoni grigi, aveva in capo un cappello di foggia ungherese e al collo un fazzoletto di seta...

Dal feudo di Rampagallo. Sera.

Il sole ci pioveva addosso liquefatto, per la interminabile landa ondulato, dove l'erba nasce e muore come nei cimiteri. E mai una vena d'acqua, mai un rigagnolo, mai all'orizzonte un profilo di villaggio: «Ma che siamo nelle Pampas?» sclamava Pagani, il quale da giovane fu in America.

Mentre passavamo uno di essi diceva: «Avete badato a quel deserto, tutt'oggi? Si direbbe che siamo venuti per aiutare i Siciliani a liberare la loro terra dall'ozio!».

13 maggio. Salemi. Da un balcone di convento, in faccia alla gloria del sole.

Una donna, con un panno nero giù sulla faccia, mi stese la mano borbottando.

«Che cosa?» dissi io.
«Staio morendo de fame, Eccellenza!»
«Che ci si canzona qui?» esclamai...

Salemi, 14 maggio.

Il Generale ha assunto la Dittatura in nome d'Italia e Vittorio Emanuele. Se ne parla, e non tutti sono sì contenti.

Salemi, 15 maggio. 5 ore ant.

Suona la sveglia. E Simonetta viene a dirci che si parte. Gran giovane Simonetta! Non si cura di nulla per sé, non vive che per gli altri. V'è una guardia da fare? Simonetta si offre. Un servizio faticoso? Eccolo pronto lui, gracile e gentile. Si distribuisce il pane? Egli si presenta l'ultimo a pigliare il suo. Ha lasciato a Milano il padre vedovo e solo.

Fra minuti si parte.

Il nemico è davvero a nove miglia. Abbiamo riposato due giorni e due notti su quest'altura, tra questa gente povera e rozza. Chi sa dove dormiremo stasera? I carri d'artiglieri sono fatti; la colubrina allunga la sua gola; il corpo dei cannonieri è formato. Sono quasi tutti ingegneri.

15 maggio, 11 ore ant. Sui colli del Pianto Romano.

Eccolo là il nemico. La montagna rimpetto a noi ne è gremita; saranno circa 5000 uomini. Noi siamo scaglionati per compagnie. Il Generale da quella punta osserva le mosse dei nemici.

Al colonnello Carini si è impennato il cavallo. Egli è caduto. Non fa nulla. Rieccolo in sella. Dianzi vidi cadere anche il La Masa, che si deve esser fatto male. Mi sentii, come se avessi battuto del capo io stesso, contro quelle pietre.

16 maggio. Dal convento di San Vito sopra Calatafimi.

Venivan giù le nostre compagnie di passo allegro e cantando.

Garibaldi ad una svolta della via, veduto dal basso, grandeggiava sul suo cavallo nel cielo; in un cielo di gloria, da cui pioveva una luce calda, che insieme al profumo della vallata ci inebriava.

Intanto la gente di Vita fuggiva. Fuggivano portando le masserizie, trascinando i vecchi e i fanciulli, un pianto. Attraversammo il villaggio attristati, e quella povera gente ci guardava, ci faceva cenni di compassione, ci diceva: Meschini!

«Come? Calzoni rossi? I Napoletani hanno già i Francesi con loro?» sclamarono alcuni sdegnati, vedendo il rosso nelle file nemiche: ma i siciliani che udirono li quetarono, rispondendo che anche gli ufficiali napoletani portano calzoni rossi.

I cacciatori napoletani scesi lunghi lunghi, giù per quelle filiere di fichi d'India, tirarono primi.

«Non rispondete, non rispondete al fuoco!» gridavano i Capitani; ma le palle dei cacciatori passavano sopra di noi con un granulìo così provocante, che non si poteva star fermi. Si udì un colpo, un altro, un altro; poi fu suonata la diana, poi il passo di corsa: era il trombetta del Generale.

La pianura fu presto attraversata, la prima linea di nemici rotta...

Là vidi Garibaldi a piedi, colla spada inguainata sulla spalla destra, andare innanzi lento e tenendo d'occhio tutta l'azione.

Cadevano intorno a lui i nostri, e più quelli che indossavano camicia rossa. Bixio corse di galoppo a fargli riparo col suo cavallo, e tiratoselo dietro alla groppa, gli gridava:

«Generale, così volete morire?»

«Come potrei morire meglio che pel mio paese?»

S'udiva qua e là qualche schioppettata: i regi rotolavano massi, scagliavano sassate, e si disse che persino il Generale ne abbia toccata una.

Vicino a me Missori comandante delle Guide, coll'occhio sinistro tutto pesto e insanguinato, pareva porgesse l'orecchio ai rumori che venivano dalla vetta, donde si udivano i battaglioni moversi pesanti, e mille voci, come fiotti di mare in tempesta, urlare e tratti: «Viva lo Re!».

Sirtori vestito di nero, con un po' di camicia rossa che gli usciva dal bavero, aveva nei panni parecchi strappi fatti dalle palle, ma nessuna ferita. Impassibile, colla frusta in mano, pareva non si sentisse presente a quello sbaraglio...

Il grande, supremo cozzo, avvenne mentre la bandiera di Valparaiso, passata da mano a mano a Schiaffino, fu vista agitata alcuni istanti, di qua di là, in una mischia stretta e terribile e poi sparire. Ma Giovan Maria Damiani delle Guide poté afferrare uno dei nastri e strapparlo; gruppo michelangiolesco lui e il suo cavallo impennato, su quel viluppo di nemici e di nostri.

Uno d'essi caricava un trombone con manate di palle e di pietre, poi si arrampicava e scaricava a rovina. Corto, magro, sudicio, veduto di sotto in su a lacerarsi gli stinchi ignudi contro gli sterpi che esalavano un odore nauseabondo di cimitero...
Valorosi quei monaci, tutti fino all'ultimo che vidi, ferito in una coscia, cavarsi la palla dalle carni e tornare a far fuoco.
Durante la battaglia, sulle alte rupi che sorgevano intorno a noi, si vedevano turbe di paesani intenti al fiero spettacolo. Di tanto in tanto, mandavano urli, che mettevano spavento ai comuni nemici.

Si mise un vento freddo gelato...
Si fece notte in un momento...

III
Morti sacrata

> Tristes presentimientos de lo que
> ha de acontecer.
>
> GOYA, *Los desastres de la guerra*

In Alcàra Li Fusi sopra i Nèbrodi li 13 di maggio 1860

...ad aridas profectus cautes [...] siti enectus fontem poposcit, monitusque baculo ferire silicem, e saxo rivum...
Merda, merda, che acqua?, secca sulla trazzera tra le pietre, pani di vacca, cipolle di mulo, olive di capra, a colpi di bordone, e la zucca appesa vuota risuonava. Sputava saliva schiumosa. San Nicola, Nicola lo Zito, miracoloso, buono pei villani mangia storie, vergine, e di che?, e ce l'avevi?, per paura di sticchio romito e santo, radiche scorze erbe larve cavallette chiocciole, brusca e striglia, selci alle ginocchia, cenere e caniglia, libro di pergamena, Paraclètica, Menòlogi, canna con la croce, stecchito ginocchioni come pupo di paglia d'avvampare nella grotta, *per poenitentiam instar lucernae ardentis ante Deum*, fuggiasco dalla casa del padre in vigilia di nozze e romito per trent'anni alla grotta del Calanna, come cattiva verginella verde abbandonata carica di onze e meraviglie, e che?, e sì, nato d'Adrano, paese di mascoli bianchi, greci di culo fiacco trapiantati.

«Eh, ah?» la testa in alto volgendo, di qua di là, occhi sbarrati nell'orbite al gracchiare di corvi e di colombi selvaggi staccati dalle tane delle rocche, Crasto Moéle Crésia Lèmina Pascì, incombenti sulla valle, libranti nel cielo viola. Era di maggio. Nel tramonto di vigilia della festa per l'evento al cinquecento nel che da sette mesi non pioveva, il popolo invocando lo scheletro nel saio ginocchiato con libro e croce nell'urna di cristallo issata sopra l'asino, per trazzere e campi, mira beato, romito santo, pascoli senz'erba animali affamati consunti seminati; e fu ch'allora s'alzò dal mare nuvoletta che subito s'espanse ricoprendo il cielo e versando pioggia calma abbondante sulla terra: polvere, sordo crepitare, risucchio, ticchettìo sul vetro dell'urna, afrore rancido di bestie uomini tele, e facce e mani in aria e bocche aperte con lingue penzoloni. *Sint benedictae mammae quas suxisti et benedictus venter qui te gestavit.*

«Eh, ah?» ai grifoni giganti, più alti, dai pastori intesi vulturùni.

Il sole di là di San Fratello, oltre la criniera del monte, mandava bagliori d'oro vecchio bizantino verso l'alto, ginestra spessa, menta finocchio rosmarino, leandro e bàlico, rosine di rovacci, gorgoglìo d'acqua nel vallone Stella che scende in precipizio per rocce e gole dentro il Rosmarino, per supplizio del basiliano laico del piccolo abito sulla trazzera per Alcàra, limosina e penitenza, nero ossuto curvo, sbavando per la sete.

Nella grotta a custodire tue ossa muffite e sfarinate, anch'io fatto romito per troppa disgraziata fame di questa grossa bestia cieca, satanasso che mi rode tra le gambe, nella grotta nascosto e mascherato da tonacaccia e barba a scansare per anni lame e schioppettate. Fu peccato, verginello, fu peccato? Gridava, la dannata, gridava di dolore da far correre popoli con forconi dentro il bosco. E c'è colpa, Liberante, se un diavolo grosso s'è piantato sotto il ventre?

«Ah, oh, ah!» per le bisacce impigliate al roveto e tira e colpi di bordone all'indietro senza voltarsi. «Vade retro, cornuto, satanasso!» e corse su pietre e cardi con piedi duri di callo e soste al ciglio su macigni a prendere respiro.

Un grifone cala ad ali ferme, spiegate, qualcosa nel becco, zucca, borraccia, orcio d'acqua fresca?, enorme sopra la sua testa, cosce spelate femminine, croste sotto l'ali, zecche, occhio tondo vermoso. Spalanca il becco e l'orcio in cocci sulle pietre, scroscio d'acqua spersa, punta artigli, becco, sbattendo l'ali, sghignazzando. L'eremita, per scudo sopra il capo le bisacce, rotola cieco in terra e il grifone zampe sopra il petto a premere pesante, colpi di rostro, beccate tra le gambe. Schiuma l'eremita, voce raggelata nella gola, sudore e tremito tremendo nelle ossa. E poi urla dentro il silenzio dell'imbrunire sulla valle, e perde i sentimenti.

Ora, nel ritorno dal sonno, battere di ferri nelle tempie, colpi a cadenza, serrati, di mazze sopra incudine, raspare di metalli, sfrigolìo d'incandescenze dentro l'acqua, respiro di mantice, voci umane, aizzanti, risa, respiri pesanti di fatica. Era l'inferno. Ristette ancora morto sotto il fico. Aprì l'occhio e poi l'altro, ed era nello spiazzo d'una forgia. Mai saputa, sconosciuta, stazzone per bestie nascosto tra le querce, a Santa Marecùma. Fuori, sull'incudine, battevano veloci, allegri, dorso nudo e sudato, Sguro e Malandro, omazzi rinomati per potenza di polso e selvaggiume. E Caco Scippateste Carcagnintra Casta Mita Inferno Mistèrio e Milinciana, neri di sole e di carbone, oleavano fucili rugginiti, fondevano piombo, riempivano cartucce, ritagliavano projettili, attizzavano ferri, tiravano il mantice, raspavano, alle ruote di pietra molavano falci accette forconi zappe coltelli forbicioni. Era aprile per cacciare, giugno per mietere, agosto per tosare, ottobre per legnare o dicembre per scannare castri e maiali?

«Porci di tutti i tempi, frate Nunzio.»

«Ce n'è tanti.»

«Tanti.»

«Stigliole salsicce soppressata coste gelatina lardo, ah, l'abbondanza di quest'anno!»
«Ce n'è pure per voi, frate Nunzio.»
«L'eremita non mangia.»
«Succhia.»
«Sangue.»
«Di faìne.»
«Che succhiano conigli.» Ridevano. E i ferri infuocati erano luci rosse nella sera che scendeva, e le lame molate mandavano scintille.
«Acqua, figli» implorò l'eremita.
«Acqua, acqua per frate Nunzio.»
L'orcio di mano in mano, seri, caritativi, e l'eremita l'attaccò alla bocca stringendolo febbrile per i manici. Il pomo sussultava dentro il gargarozzo. Sbruffò, bagnando barba e saio.
«È aceto, malicarni, aceto!»
«Aceto?»
«Aceto?»
«Miracolo!»
«Il romito è santo!»
«Ha stracangiato l'acqua nell'aceto!»
«Frate Nunzio beato!»
«Sulla trazzèra ebbe la visione.»
«E urlò di piacere e meraviglia.»
«E perse i sentimenti.»
«E il controllo di sfintere.»
«Malicarni, lingue d'inferno, maledetti!» in mezzo ai denti. Umile sorriso, sottomesso:
«Non scendete al paese, non fate festa domani a San Nicola?»
«Saltiamo questa volta, frate Nunzio. Non vedete quanto travaglio?»
«Travaglio.»
«Travaglio.»

«Faremo festa per il giovedì che viene.»
«Festa.»
«Festazza.»
«Per l'Ascensione.»
«Di nostro Signore.»
«Gesù Cristo.» Si segnarono.
«Amen.»
«Scendete dall'eremo, frate Nunzio, e vedrete.»
«Lausdèo» l'eremita mosse verso la trazzera. Il rumore dei ferri confuse le parole dei pastori. In contrada Paràtica, a' Capuccini, morti seccati in piedi nelle nicchie dentro i sotterranei, collitorti, chiostre spalancate, urla risa, guanto e scarpino, salnitrato, stoppa, occhio mangiato, era già notte punteggiata di lumi nelle case e le strade del paese.

Allo sbocco di Mandrazza, in località chiamata Palo, ricolta di càntari e pitali, mondezze e grasce, scarico di reni e di budella, il saio fino alla pancia, accovacciato, liberò la cacarella presa alla trazzera. Fetore di peste nera in vortici di brezze vespertine, giù dal Roccazzo, su dal Rosmarino, popolaccio e bestie, cani raspanti, porcelli bradi grufolanti, sorci su strati d'escrementi. Palo d'infamia e di vergogna, d'eretici d'un tempo e di blasfemi, che primi, incordati, sferzati, garrottati, cominciarono a cacare. Santo l'Ufficio che vi disponeva. Disporre per quelle bestie della forgia nascosta tra le querce, malicarni satanassi, tòrre beni mogli figli bestie, ruinare case, la forgia!, simile al Matteo della casa di via Forno, *In quisto loco fu la casa di Matteo Carruba la quale fu dirrupata per la Santa Inquisizione per ipso avirsi retrovato allo insulto di lo Monaco Augustino de Urbino Capitanio de ditto Santo Ufficio*. Santissimo. E non fu il povero romito, il monachello laico da que' vicarioti maltrattato?

Sotto il castel Turio, al piano Abate, cantava a sette cannoli la fontana, *Arcara hoc placido splendida fonte bibit*, a ventiquattro sotto, il lavatoio, macine riverse rocchi capitelli sparsi, brama d'affondare fino al collo, ma solo braccia, gambe e parti vergognose, in gola dopo arsura pazza e dentro nella zucca per riserva. Polito e fresco nella piazza e, nell'ombra, gente sul sedile di pietra contro il muro della chiesa di Maria Assunta, la Matrice, all'orologio a pesi della torre le tre ore di notte, e la meridiana, sotto, macchia biancastra senza tempo, il lampionario con la canna in mano, mastro Turi Harra, mastro Ciccio Papa, usciere comunale, Cola Zaìti, criato del Casino e mastro Tano Manzo, sagrestano. Fitto parlottare, sospiri e scoramenti, spiare dentro la taverna che rovesciava per la porta sopra la piazza, come antro di fornace, sfavillìo di luce, voci, urla, cozzare di cannate.

«Lausdèo.»

«Lau.»

«Tardi faceste, frate Nunzio.»

«Tardi mossi dall'eremo. Che fanno que' figli di Dio?»

«Baldoria.»

«Dovuta a che?»

«Non sapete nuova?»

«Un tizio chiamato Garibardo...»

«Chi è 'sto cristiano?»

«Brigante. Nemico di Dio e di Sua Maestà il Re Dioguardi. Sbarca in Sicilia e avviene un quarantotto...»

«Scanna monache e brucia conventi, rapina chiese, preda i galantuomini e protegge avanzi di galera...»

«Questi vanno dicendo che gli dà giustizia e terre...»

Segno rapido di croce, mani giunte, capo chino e masticare di sordo paternostro.

«Amen.»

Lesto, sbirciando avanti, indietro, nelle cantonate, alla chiesa solitaria del Calvario. Trasalire nel portico pel volo di torderite tra colonne e spingere furioso di portello e bussola, chiavare svelto, e respiro profondo dentro la navata.

Nel mezzo, un tabuto di tavole bianche sopra i trespidi e quattro moccoli agli angoli dentro i candelieri.

«Malanova!»

Al suo rifugio ch'era l'altare di Maria Santissima de' Sette Dolori, il giaciglio per la notte con cuscini tovaglie veli paliotti.

Sedette sui gradini. Dalle bisacce pane pecorino fave, acqua dalla zucca. Satollo, sbadigliante, stira e sgranchia per dormire. Luccichìo, al vacillare de' moccoli, dei manici di rame del tabuto, piedi a zampe di grifo, impugnatore d'oro a raggera sul manto di velluto nero di sette spade nel cuore di Maria, spalancati occhi d'argento, occhio fisso, occhi, cuori fiammanti, canne a salire e scendere d'ottone sopra l'organo. Oltre i lumi, nell'ombra del soffitto e delle mura, precipitare di teschi digrignanti, voli di tibie in croce, guizzare di scheletri da sotto lastre, sorgere da arche, avelli, scivolare da loculi, angeli in diagonale con ali di membrana che soffiano le trombe...

«Malanova!» e si girò dall'altra parte e carezzò il diavolo che nel molle del giaciglio s'era rizzato.

Grida acute di terrore, lamenti, pianto dirotto lo svegliarono di botto nel giro verso l'alba della notte.

«Santo Liberante, e che è 'sto strepito?»

Il tabuto scoperchiato, per terra rannicchiata, tremante disperata, fanciulla vestita di vergine bianca.

«Muta, buona...»

«Aiuto, misericordia!» strisciando, afferrando con mani tremule l'orlo del saio, abbracciandogli le gambe. Sorretta per l'ascelle, ricade molle sopra il pavimento.

Di peso la porta fino al giaciglio.

Rifiuta l'acqua.

«Chiamate gente, eremita, mio padre, i fratelli...»

Piegato sopra di lei, gli occhi infossati, lucidi, sorriso fremente che scopre denti serrati in mezzo al nero pece della barba:

«Buona, verginella,
Santo Placido e Lione,
Siii, soda.
E che è, pel manto di Maré?»
Carezzandole lieve i capelli, le gote, con le mani secche d'ossa, scure.
«Morti sacrata,
Sacrilega turnata.
Est ligge, ligge,
Nunquam vivi vocare,
Patri matri frati,
Niuno cristiano,
Pena l'inferno,
Capisti, trapassata?
At anima partuta
Non licet titubo,
Spolia surrecta
Morta reverterit.
Amen.»
E le afferrò i ginocchi, serrando con le dita, forzando per aprire.
«Misericordia, Madonna!...» guizzando dal giaciglio, correndo pazza per la chiesa.
«Aiuto cristiani, soccorso dalle genti, Madre di Dio aiutatemi voi!»
Il romito l'insegue con una croce a stelo e con un colpo del braccio aguzzo di ferro nella nuca le tronca il grido in gola, la stramazza a terra.
Sul giaciglio, la nuda fino in vita e, calda, la consuma.
Ricompone la morta nel tabuto, le mani giunte e il rosario tra le dita, issa il coperchio che tiene su in fessura. Accosta un moccolo, mira.
«Sacrata alla morte» mormora. Molla, e il rumore del coperchio rimbomba come un tuono.
Spari e fanfare, concerto di campane, canti di galli e ab-

baiar di cani, ragli di sardisco e beduino al sole di maggio che penetra e ferisce occhi di buio.

Il romito corre per strade fuori mano, mura mura per traverse, scantona per i vicoli. Cala nella piazza parata a festoni stendardi bandiere nappe, ansima affannato, entra nella Matrice all'elevazione e raggiunge veloce il presbiterio. Crolla in ginocchio avanti al popolo, larghe le braccia e stralunìo d'occhi verso l'alto.

«Triste presentimento d'amari accadimenti mi striscia nel cuore e nel cervello» declama nel silenzio. «Sento odore di sangue ferro fuoco... Morte. Galantuomini d'Alcàra, mastri, all'erta, pronti! A Santa Marecùma...» e s'arrestò. Un mormorìo si levò dalle navate. L'arciprete officiante, padre Adorno, in piviale bianco e oro, si voltò di scatto e restò di sale, col calice e l'ostia in alto, il tondo di vetrata come nimbo luminoso torno al capo.

I pastori, in fondo, accanto al fonte, sorrisero e si guardarono negli occhi. Le donne, già in ginocchio, si prostrarono ancora, invocando san Nicola d'Alcàra e d'Adernò, san Calogero di Fitàlia, san Cono di Naso, san Leone di Longi, san Lorenzo di Frazzanò, san Biagio di Caronia, san Filippo di Fragalà, santa Tecla di Mirto, santa Maria del Tìndaro, del Capo d'Orlando, dei Palati e Maniace, con giaculatorie, battendo forte il petto.

«Solità e privazioni gli hanno fottuto la ragione» mormorò il notaio don Giuseppe Bàrtolo, sindaco d'Alcàra, al figlio professore Ignazio che gli stava accanto. Erano in prima fila, coi Chiuppa, i Capitò, i Manca, i Gentile, Artino e Lanza, la comarca de' padroni del paese, amministratori dei beni di San Nicola e Pantalèo, mani in pasta, usurpatori di terre demaniali, impettiti e boriosi come fossero gli eredi dei Palizzi o dei Cardona.

«Sempre stato strambo, 'gnor papà. Soffre di mal caduco.»
«Di dov'è?»
«Chi lo dice di Bronte, chi di Galati e chi di Tortorici. Chi

uomo di lettere e chi del popolaccio. Ma tutti che s'è nascosto all'eremo per una vecchia storia che riguarda donne.»

«Donne?! Mezza canna d'uomo e due rotoli di ossa...»

«Eh, dicono ch'abbia sotto 'na roba come l'asino...»

«D'asino ha la testa. E le spalle di uccellaccio di malaugurio!»

L'eremita scese in fretta dal presbiterio, corse nel corridoio tra le sedie, fece in tempo a uscire nella piazza assolata e con un grido s'accasciò a terra per un attacco improvviso del suo male.

IV

Val Dèmone

In Sant'Agata di Militello li 15 maggio 1860

Scendeva tutta la gente a la marina da Canna Melata, piano Castello e piano della Chiesa, per Costa di Pozzo, fin dal Telegrafo, da Cucco Bello e dal vallon di Posta. E i pescatori furono i primi, prima degli ortolani, i carrettieri e i bordonari, ad avvistare l'arrivo del postale. Grande e bianco, col fumo della ciminiera e con le ruote a pala che giravano scroscianti. Oltrepassò la foce del Furiano e quella dell'Inganno, doppiò la punta Lena e si fermò. In faccia in faccia, a tiro d'uno schioppo, proprio alla torretta del castello dei Granza Maniforti.

«Raimondo, mi sto incazzando!» disse il principe don Galvano, battendo il nerbo contro lo stivale, al figlio che armeggiava al cannocchiale sul treppiede sopra il terrazzino della torre.

«Vedo, vedo!...» esclamò Raimondo.

«Che cristo vedi?»

«Un leone... Un leone che beve a un ruscello.»

«Che scoperta! E quello è lo stemma della flotta Florio. Il nome, voglio sapere il nome della vaporiera!»

«Siii... ccciii... lìii... a.»

«Siccilìa??... Siccilìa! Siccilìa! Uh, la bestia! Ma che t'insegnano, che, i preti del collegio Capizzi lì di Bronte?»

Raimondo, sordo a quello che il padre gli diceva, andava ora scandagliando sopra la coperta, e gridava di gioia alla vista della gente ch'armeggiava, correva, s'affacciava alla murata, il capitano, il nostromo, i fuochisti, i marinai, i passeggeri.

«Sicilia?!» fece don Galvano. «Ma porco d'un diavolo, mi fai frastornare! È questo, è questo, è con questo vapore ch'arriva il Mandralisca. Presto, vai a dire a Matafù d'andare a prelevarlo alla marina.»

Raimondo non si mosse, curvo com'era restando e incollato al cannocchiale. Don Galvano gli assestò una nerbata sopra il culo. Raimondo si rizzò, guardò meravigliato il padre e poi si mosse, sfregandosi la chiappa, giù per la scala a chiocciola, verso il cortile. Si guardò in giro, il principe, e, sicuro d'esser solo, ch'occhi indiscreti non scoprissero la sua debolezza, si parò davanti a quel treppiede: divaricò le gambe, si piegò in avanti, tappò con una mano l'occhio sinistro e l'altro l'accostò al cannocchiale. La bocca gli s'aprì per lo stupore. Poi alzò la mano che stringeva il nerbo e cominciò a menare in aria come a voler colpire le figure che gli si paravano davanti a grandezza naturale. Lo scudiscio andò a colpire la bocca in alto del lungo cannocchiale, che s'abbassò, con rumore di latta, mentre la parte opposta, alzandosi di scatto, fece saltare al principe indietro la bombetta.

«Diavoli e diavolerie!» imprecò. Raccolse il suo cappello e s'avvicinò alla ringhiera del terrazzo, dove l'edera dal basso, coperto tutto il tondo della torre, faceva capolino e deviava in alto, fitta, per tutto il muro, fino alla copertura del castello (i gechi e i ragni che vi nascondeva!).

Guardò verso la destra dov'era tutta la costa che correva serpeggiando al bordo delle piane di Torrenova, Rocca e poi del Capo, solcate da fiumare, Zappulla e Rosmarino, e oltre, al di là del Capo d'Orlando, Lipari e Vulcano, lingue di terra senza sosta in uno con il capo di Milazzo;

e poi Salina doppia e di seguito gli scogli, come vele cilestri e trasparenti all'orizzonte, d'Alicuri e Filicuri. Verso la parte opposta, oltre la punta Lena e Acquedolci, Torremuzza e Finale, s'ergeva quella rocca con tre punte, a forma di corona sulla testa blunda d'un Ruggero Normanno o d'un Guglielmo, di quel paese vecchio come il cucco ch'era Cefalù.

"Che smania!" disse dentro di sé il Maniforti. "E non gli viene, no, la nausea del viaggiare a questo curioso Mandralisca?"

Guardò la vaporiera lì di fronte: lance e gozzi, partiti dalla riva, s'erano fatti sotto alla fiancata per lo scarico di merci e passeggeri. E tutti i terrazzani, a la marina, vociavano festosi e salutavano.

«Poltroni e sfaticati! Lasciano gl'impegni e il travaglio per vedere una barcaccia che cammina a fuoco!» mormorò don Galvano. Girò le spalle al mare e scese giù, verso le stanze del piano nobiliare.

S'udirono gli zoccoli e i ferri delle ruote sopra l'acciottolato della corte. Don Galvano s'affacciò al balconcino e, attraverso uno spiraglio nel tetto fitto delle fronde dei platani e dei ficus, le impavesate delle foglie di palme e di banani, scorse il Mandralisca, ch'aiutato dal cocchiere Matafù, scendeva dalla carrozza. Dietro a questi, un servo grosso, rosso e sbuffante in mezzo al carico di pacchi, di borse e di bauli.

«Enrico, Enrico!» chiamò il principe.

«Galvano, Galvano!» fece il Mandralisca guardando verso l'alto disorientato, come Adamo alla voce di Dio Padre, per scoprire al di sopra delle foglie l'amico Maniforti.

S'abbracciarono i due amici sulla scala. Nel salone rotondo s'assettarono, uno di fronte all'altro, guardandosi ridendo compiaciuti.

«Che piacere, che piacere!» continuava a dire il Maniforti. E, come ogni volta che i due s'incontravano – e ciò avveniva ogni par di lustri – rifacevano il tempo di clausura nel Regio Convitto Carolino di Palermo, remoto ma pure nitidissimo, come un ritratto da cui è stato tolto ogni elemento che possa fuorviare, badando l'autore solamente a risaltare il tratto essenziale: le facce più corrusche, le voci più tonanti dei precettori; i compagni più tosti e mafiosi; le madri e le sorelle più avvenenti in visita al parlatorio per le feste. Il discorso poi continuava sulle sorti e i destini dei compagni, su fortune lapidate, feudi volati sopra un asso di bastoni, morti e testamenti, suicidi e ammazzamenti, vendita di titoli, casate estinte, carriere folgoranti, promesse e sposalizî, contaminazioni, figlioli e nipotanze...

«La vita!» concluse come ogni volta il Maniforti.

«Eh, la vita!» fece eco il Mandralisca. Il quale sapeva che col Maniforti oltre i discorsi di storie di singoli, di mene familiari, di beni e d'interessi non si poteva andare. Parlare dei governi o delle sorti d'Imperi, Regni e Principati, di guerre e paci, di dritti e libertà di tanta gente sarebbe stato vano. Guardò lo stemma sopra il caminetto della famiglia illustre da cui discendeva questo Galvano: un leone incoronato ritto su due zampe e con l'altre due che grattava l'aria.

"Ma come, come" si chiese il Mandralisca "questi nostri antenati sono diventati nobili, per avere badato ai proprii o agli interessi d'altri? E se è vero il primo caso, com'è vero, allora tutta l'umanità risulta nobile... o pure, ahimè, gli uomini siam tutti ignobili!... Tranne, tranne qualcuno", ammise il Mandralisca. E pensò ai poeti, agli scienziati, ai filosofi, agli uomini di studio, avulsi e distaccati dalla lotta per procurarsi beni...

"Ma no, ma no!" si disse. "C'è quasi sempre qualcuno dietro a loro, un padre o un mecenate, che ha arraffato e provveduto a riempirgli il ventre, dandogli agio così di poetare o inseguir ricerche, idee, esperimenti. E io, io stesso," pensò "se non avessi avuto da mio padre Colom-

bo, Giarrizzello, Musa e tutti gli altri fondi, avrei potuto scapricciarmi a inseguir uccelli, uova di palma, lumachelle; a raccogliere reperti, tesori d'arte, monete, quadri?..."
E il pensiero gli andò al suo gioiello, al ritratto d'ignoto d'Antonello. E, dal viso dell'ignoto, scivolò naturalmente a quello, vivo, acuto, singolare, d'un marinaio sconosciuto, d'uno scaltro mercatante, d'un rivoluzionario acceso...

"Forse, forse l'Interdonato è un nobil uomo..." concluse il Mandralisca. E guardò fuori dal balconcino, nel vuoto, senza vedere la corona di colline che si stagliava tra il cielo e la pianura su cui giaceva questo castello con il villaggio attorno: sulla destra, San Fratello a forma d'una sfinge senza testa, la valle dell'Inganno e poi la Sanguinera, Vallebruca, Serra Aragona e il pizzo San Basilio sopra Tiranni (vi s'era rifugiato in una villa, a godersi la vecchiaia e a scrivere nel contempo le memorie, un celebre ministro di Polizia alla corte del re sovrano Ferdinando, Vicarioto di nome, nonché di fatto, creduto che in vicarìa o bagno dimori malavita, ch'al petto di costui, servo de' servi d'uno Stato infame, capo dei capi di tutte le sbirraglie, la gente che si langue in vicarìe, bagni, fossi o colombare, Noto Procida Nisida Trapani Milazzo Favignana, risulta la più giusta la più santa, Cristo martoriato a la colonna); il monte Scurzi nudo sulla manca e poi San Marco fitto di case in bilico; dietro, s'intravedevano più alte e chiare le rocche di granito che incombono sopra il paese antico detto Alcàra.

«Che c'è, Enrico, stai male?» gli chiese il Maniforti.

«Oh, no» rispose il Mandralisca scuotendosi. «Solo un po' di strapazzo. Sarà il viaggio...»

«Bon, bon» disse il Maniforti. «Fra poco andremo a cena e poi un buon sonno ti ristorerà.»

«È quello che ci vuole. Domattina, di buon'ora, riprenderò il viaggio per Alcàra.»

«Così presto?»

«Eh, sì. C'è lì il barone Manca che m'aspetta.»

«Ma scusa, Enrico, posso chiedere? Che vai a menare in quel paese selvaggio di caprai? S'è per la caccia, io ti consiglio il bosco di Caronia o quello più vicino della Miraglia. È lì che andiamo io, lo Scalèa e qualche volta pure i Pignatelli, i Piccolo, i Salerno e i Cupani.»

«A caccia, sì, caro Galvano, ma non di quaglie, fagianelle o di conigli. Vado a caccia di lumache.»

«Lumache?!» chiese esterrefatto don Galvano. «Ma s'è per questo, te ne faccio portare qui tutti i panieri che vuoi.»

«No, no, ti ringrazio...» disse sorridendo il Mandralisca. «Sono lumache speciali... Me le devo cercare da me, caro Galvano... Non sono da mangiare... Anzi, da quel punto di vista, le conosco talmente, quelle creature, e mi sono talmente familiari, che l'idea di mangiarle mi fa un poco senso...» E infine spiegò a don Galvano, che per un poco lo credé fuori di senno: «Sono lumache da catalogare per uno studio che da anni vado conducendo sulla generale malacologia siciliana, uno studio che sto portando in porto in uno col barone Andrea Bivona».

«Ah, ho capito» disse don Galvano. «Ma anche qui, per queste campagne, ce n'è tante di lumache... Non c'è bisogno d'andare fino ad Alcàra.»

«No, no... M'interessano proprio quelle delle acque correnti sulle rocche alte, delle scaturigini e delle grotte come quella del Lauro sotto il monte Crasto.»

«Bon, bon» s'arrese don Galvano. «Contento tu... Domani, all'alba, sarà pronta la carrozza. È una strada dura, tutta in salita, piena di giravolte e di tornanti fino a Militello Rosmarino. Poi, da qui ad Alcàra, diventa un poco piana e un poco più latina.»

«Papà, papà!» gridò entrando Raimondino, ma s'arrestò e fece un bell'inchino all'ospite che vide accanto al padre.

«Vieni, vieni, presentati al barone Mandralisca, un mio amico d'infanzia affezionato» disse don Galvano. Raimondo si diresse alla poltrona dov'era seduto Mandralisca, si piegò in avanti e porse la sua fronte piena dei punti neri e delle pustolette dell'adolescenza per farsi dare il bacio.

«Quanti anni hai?» chiese il Mandralisca.

«Tredici e mezzo» rispose orgoglioso Raimondo rizzandosi e sembrando più secco e lungo di com'era, come un cetriolo o una cocuzzella longa cresciuti con le radici dentro acqua.

«Che studi fai?»

«Rettorica, morale, galateo, araldica, solfeggio, scherma, calcolo, umanità, fransé...»

«Bravo, bravo!» si complimentò ridendo il Mandralisca.

«È al collegio Capizzi» soggiunse il padre. «Adesso ce l'ho a casa per una forma d'anemia. Ha bisogno d'aria aperta, sole, mare e... Deve riempirsi un poco, impolpare quelle ossa...»

«Già, già» fece il Mandralisca. «E sua madre, la tua gentile consorte?»

«A Palermo, a Palermo! Si ostina a stare là. Dice che a lei, lontana da Palermo, le viene la tristezza. Qui le pare d'essere in esilio, in mezzo a un deserto... Lo sai che i Sutera son gente cocciutissima. Ma lasciamo andare» e si rivolse al figlio ch'era stato lì impalato ad ascoltare: «Che c'è, Raimondo, cosa volevi entrando?».

«Papà, papà,» fece Raimondo eccitandosi di nuovo come prima «hanno portato dentro il sotterraneo un altro carcerato!»

«Va be', va be'» fece don Galvano. «T'ho detto tante volte di non gironzolare giù nella corte!»

«Ma papà, ero con Matafù e con il servo cefalutano del barone... M'ha sputato! È passato davanti a noi tra le guardie, ha puntato gli occhi su di me e m'ha sputato. Guarda, guarda, si vede ancora ch'è bagnato» e Raimondo mostrò a don Galvano il velluto verde sopra il petto con un tondo nero d'umidume.

«Vai, vai a cambiarti d'abito. Tanto, tra poco si va a tavola» gli disse il padre infastidito. E Raimondo:

«Ma le guardie l'hanno buttato a terra, l'hanno pestato e trascinato dentro. Il cefalutano, Sasà, è scappato facendo "mamma mia, mamma mia!"» e rise guardando il Mandralisca.

«Vai, t'ho detto, va'!» gli gridò spazientito don Galvano.

«Sono ladri di passo, grassatori, briganti, masnadieri!» cominciò a fare il Maniforti non appena il ragazzo se ne fu andato. «S'approfittano di tutto, legna ghiande erbe olive capretti maialini... Sarebbero capaci d'entrarti fino in casa e di rubarti il cibo nei piatti! Capisci adesso perché lasciai Palermo e m'intestardo a dimorare qua, sopra le terre? Non c'è campiere, soprastante, uomo fidato che valga la presenza del padrone. Questi son tempi infidi, d'anarchia... Non ci son leggi, condanne, pene capaci di fermare questa massa crescente di ladroni! E ti odiano anche, porco d'un diavolo, e osano sputarti!» parlava, don Galvano, ed era tutto congestionato nella faccia. «Lo capiranno, lo capiranno tutti i signori, e le signore» sottolineò con stizza «che adesso se la spassano a Palermo! Quando si troveranno solamente gli occhi per piangere...»

'Mpa! Stum! Ciaff! Là: luce bianca d'un baleno e tosto rosso scuro di buja cataratta, sapor di sale, d'aloe e di potassa, odore di marsine accasermate, stupore e smarrimento, scossa repente e furia che sale dai nervi e dalle vene bruciando il dolore e la paura.

«No!! Perché?! Perché?!» grida mulinando le braccia contro i *feroci* che colpirono di sbalzo sopra la fronte, in pancia, sul naso e sulla faccia col ferro, coi ginocchi e con le mani, stretto in un canto alla *Villa dei Papiri*. Alle grida s'affacciò da' cunicoli qualche cavamonte, si fermarono a guardare i badilanti.

«Fetente, sfaccimm', faccia 'e mmerda!» facevano i due

sbirri bastonando. E il molosso costretto alla catena scoprì i denti ringhiando, scrollò il collare aculeato, raspò la terra con le zampe.

Gli serrarono i polsi alle manette. Sotto l'azzurro cielo, tra Resìna e il mare, tra il bianco de' marmi, il rosso de' mattoni e il verde de' pinastri, egli sentì le gambe ripiegarsi, il senno che s'oscura e l'abbandona.

«Vi conosciamo! Deste ricetto nella casa vostra nel novembre dell'anno ch'è trascorso a pericolosi gaglioffi e orditori di sommosse e rivolte contro la Sacra Maestà e l'Ordine Sovrano. Nel '48 foste deputato con quel Ruggiero Settimo che si nasconde a Malta, presidente d'un regno di burletta, e mai ritrattaste la fede vostra nel sovvertimento. Mandralisca, questi son solo i capi principali» diceva il commissario Condò in San Ferdinando sfogliando le sue carte. «Confessate: che siete venuto a fare nella capitale?»

«A visitar gli scavi d'Ercolano...»

«Meglio sarìa per voi che badaste a la fossa che sotto i piedi vi scavate. Memento, memento di Spinuzza e Bentivegna! Putacaso: sapete niente dello scoppio del *Carlo III* e della polveriera?»

«Venni a visitar...»

«Basta là! Capimmo. Ringraziate la sorte e la benevolenza del Ministro degli affari di Sicilia, il cavalier Cassisi. Quali favori mai gli avete reso? Voi o la consorte vostra?»

Ei scattò all'impiedi e legato com'era fe' per scagliarsi, ma i *feroci* lesti, dietro le spalle, l'afferrarono ghignando e rimisero a sedere.

«Sarete immantinente accompagnato in ferri sino al paese vostro con l'ordine per due anni di non allontanarvi!» disse il Condò scrivendo; e detto, chiuse il fascicolo, vi sbatté sopra la mano e diè ordine agli sgherri di condurlo via.

Parlava, parlava il Maniforti, e il Mandralisca, sordo, si mise a poco a poco a osservare quell'uomo nella faccia, rossa di rabbia sorda, nelle vene turgide del collo, nel tremolìo del labbro, nell'occhio acquoso, nello sbattere nervoso del frustino contro lo stivale (un nerbo robusto ma elegante, con l'impugnatura e l'occhiello di marocchino rosso, l'estremità ferrata e lucida come la punta di una spada).

Osservò quell'uomo, il Mandralisca, con quell'attenzione desta, tutto concentrato nella testa, con cui soleva guardare al microscopio composto di Neer e Blunt gli acefali e i gasteropodi di generi, famiglie e specie più strane e peregrine. S'era squarciato, dissolto, volatilizzato lo spesso velo, cortina d'annose incrostazioni, come licheni sopra la pietra, fatta di conoscenza antica, dimestichezza, familiarità e forse anche affetto: gli sembrò di metterlo a fuoco, vederlo bene per la prima volta. Obiettivamente. Ed ebbe repentino un senso di estraneità, di lontananza e infine di repulsione che offuscò d'un tratto, come il fondo smosso d'uno stagno, il suo occhio oggettivo, freddo, sereno di poc'anzi.

L'orologio della torre della chiesa del castello batté le quattr'ore e un quarto e il Mandralisca saltò, subito sveglio e lucido, dal letto. Sopra il comodino, la stearica quasi consumata mandava barbagli tremuli e fumosi sopra la copertina del libro *De' rimedi contro la malsanìa dell'aere di molte contrade di Sicilia* di Giulio Carapezza, e sopra la cipolla e il *pince-nez* posati lì accanto. Aprì il balcone verso il mare, uscì sul terrazzino. Una zaffata dolciastra di datura lo avvolse sulla soglia ma, superata quella e avanzando verso la ringhiera, respirò profondo l'aria lieve, pulita del mattino. Si udiva un soffio cupo, come il ronfare d'un uomo dentro il sonno, d'un vecchio gufo nascosto in qualche buco della torre. E s'udivano i rumori sulla plaia, dalle barche, lo sciacquìo dei remi, il lancio delle funi, la posa dei parati, tutto il tramestìo del ritorno mattutino dalla pesca. Una falda di luna diurna, smagata, pendeva sopra l'orizzonte e, nella luce bianca d'opalina, il Mandralisca scorgeva i grandi occhi, le sirene, le Madonne, le bande rosse e gialle, triangoli e losanghe, alle prore e sopra i fianchi delle barche. Passavano di mano in mano le gistre con i pesci, sciorinavano le rizze, dipanavano il paràngolo, stendevano il cianciòlo sulla ghiaia i pescatori taciturni.

«Che triste rito, che mortorio!» osservò il Mandralisca.

Rientrò. Attraversò la stanza e aprì la finestra che dava sulla corte, ancora quasi buia per la verzura spessa e immersa nel silenzio. Una rosa rossastra si schiudeva a oriente, sopra i canali della chiesa. Udì, dopo un poco, lo scalpiccìo dei cavalli sopra l'acciottolato. Quando discese, trovò Sasà e Matafù già pronti vicino alla carrozza e intenti a chiacchierare. Era già chiaro.

«Eccellenza, buona levata» fecero tutti e due assieme.

«Si parte!» disse allegro il Mandralisca.

«Eua davant, vaint darrier e la mart arba chi v'arcuogghi tucc!»[1] fece una voce che veniva dal fondo della corte.

«Chi è?!» disse il Mandralisca.

«Il carcerato» risposero Sasà e Matafù. Il Mandralisca si girò a guardare. Un'ombra si scorgeva contro il muro tondo, tra le stalle e i magazzini dov'erano le giare d'olio, i sacconi di frumento e le stie di formaggio. Il Mandralisca, incuriosito, si diresse verso quell'uomo.

«No, no, eccellenza» lo implorò Sasà. «È un diavolo d'inferno, scatenato.»

L'uomo, a torso nudo e scalzo, aveva catene alle caviglie e ai polsi, ch'erano fermati in alto sopra la testa a una delle boccole di ferro infisse al muro per la legatura di muli e di cavalli.

---

[1] Acqua davanti, vento di dietro e la morte cieca che vi prenda tutti!

Quando il Mandralisca gli si parò davanti, l'uomo gli rise in faccia con sfida e con disprezzo. Era un ragazzo sui vent'anni, impostato e alto, gli occhi cilestri, faccia del colore del mattone cotto, capelli ricci e selvaggi, gialli come l'orecchino di metallo che gli perciava il lobo destro.

«Cos'hai fatto?» gli chiese il Mandralisca.

«Ammazzeu n'agnieu pi li muntegni, rabba sanza patran...»[2]

«Che dici?» chiese il Mandralisca che non capiva quel linguaggio strano. L'uomo non rispose e gli rise un'altra volta. Il Mandralisca s'accorse allora che le spalle, il petto, i fianchi, le braccia di quell'uomo erano solcati da segni neri e viola, la pelle scorticata, il sangue raggrumato; un ecceomo, un santo Bastiano su cui in quell'istante scivolava e che intiero soffondea (un pario luminoso, un alabastro di Gaggini o Laurana), la pioggia d'oro d'un raggio che pel pertugio sul tetto delle fronde lo raggiungea al petto.

«Chi è stato?» gli chiese il Mandralisca impietosito.

«U principeu di mad, curnui vecch! Chi si pigghiessu i dijievu di Vurchien, tucc i ricch, e a carpa di maza i mazzirran!»[3]

Il Mandralisca afferrò soltanto da tutto quel discorso la parola principe e fece istintivamente un passo indietro.

«Porco!» esclamò in mezzo ai denti. «Vigliacco!» e gli si parò davanti agli occhi la mano gentile guantata di filo bianco che stringe l'impugnatura rossa dello scudiscio di budella di bue attorcigliate, il viso pallido che si congestiona ad ogni istante: ebbe un moto di nausea per qualcosa in quel Granza che non riusciva chiaramente a decifrare. Guardò il carcerato. L'uomo selvaggio gli sorrideva ancora disprezzante. Il Mandralisca allora, per togliersi

---

[2] Ho ammazzato un agnello per le montagne, roba senza padrone...
[3] Il principe di merda, vecchio cornuto! Che se li pigliassero i diavoli di Vulcano, tutti i ricchi, e a colpi di mazza li ammazzassero!

d'impaccio, tirò dal taschino tre pezzi d'argento e gli s'accostò per darglieli. E il carcerato, come morso da vipera, «Va', va', pri sant'Arfin!» gridò scalciando, dimenandosi. «Firrijia, vaa, curnui cam tucc! Jiea suogn zappuner, sanfraridèu, ni bahiescia au dimuosinant!»[4]

Il Mandralisca girò le spalle e raggiunse svelto la carrozza.

«Via, via!» ordinò saltando su. «Partiamo, forza!»

«Iihhh!!!» fece Matafù con schiocchi in aria di zotta.

Prima che la carrozza varcasse il portone del castello, il Mandralisca si girò e vide per l'ultima volta, attraverso il vetro della lunetta, quell'uomo legato contro il muro.

«Di dov'è?» chiese a Matafù il Mandralisca, piegandosi in avanti verso il serpe, quando furono giunti al vallon di Posta.

«Chi, eccellenza?»

«Il carcerato.»

«Ah. Sanfratellano, Dio ne scansi! Gente selvaggia, diversa, curiosa. E parlano 'na lingua stramba, forestiera.»

E il Mandralisca si ricordò allora che San Fratello era uno dei paesi lombardi del Val Dèmone, come Piazza Aidone Noara Sperlinga Nicosia... Apollonia pel Bizantino Stefano, *plesion Alontinon cai tes Cales Actes*, San Marco e Caronia, e divenuta *Dimnasc, Demenna, Dèmona, cora demennon* (chiusi nel castello, gli oppidani, munser le madri, fecer ricotta, e giù per funi calaronla agli assedianti al fine di mostrare l'abbondanza: o birbi sanfraridei, alfini e filadelfi, figgh d'erratici, carbani, orde d'Emilia e Lombardia al soldo di Ruggero e d'Adelasia – a Fragalà, per voto, lasciava il condottiero il suo stendardo – giudei di Passione, boschive intelligenze, purpurei farfarelli, angeli di zolfo e di bruschino saltellanti su trombe d'oro e scrosci

---

[4] Vai, va', per sant'Alfio! Gira, va', cornuto come tutti! Io sono zappatore, sanfratellano, non sono né bagascia e né limosinante!

di catene: e chi v'intende chi nell'isola della romanza lingua passata per gole galliche e teutoniche, d'arcaico volgare, vernacolo non guasto interamente?...)

Si ributtò indietro contro la spalliera, il Mandralisca, si tirò la coperta ch'avea sulle gambe fino al petto, si rannicchiò nell'angolo, sprofondò nella solitudine e nello smarrimento.

Passarono Terreforti e Orecchiazzi, Astasi e il Monte Scurzi. Agli aerei tornanti in precipizio sulla valle fino al letto grande incassato fra le rocche della fiumara Rosmarino (vi si scorgevano in fila, lungo il greto, le portatrici di pietra con i canestri in testa) Sasà mandava gridolini di paura, mentre il Matafù si divertiva frustando ancor di più e aizzando i due cavalli.

«Quello è San Marco D'Alunzio» diceva Matafù a Sasà indicando il paese oltre la vallata, arroccato, con le sue cento chiese e monasteri, in cima a una collina. «E in basso è Torrenova, poi c'è la piana e, in fondo in fondo, là, Capo D'Orlando.»

«Uh, che bello, uh, che bello!» sclamava Sasà di fronte a quella vista, dei colli, delle valli, delle piane, della costa e del mare che sotto i loro occhi si spiegava.

Capu D'Orlannu e Munti Piddirinu
Biati l'occhi chi vi vidirannu

recitò orgoglioso Matafù. E qui si punse il servo del barone, facendo rilevare a quel cocchiere, che mai ha viaggiato e niente ha visto, fuori che boschi, campagne e paesi vecchi e mezzo dirupati, che la grande rocca sopra la gran città di Cefalù niente da invidiare aveva, anzi, al Monte Pellegrino e a questo montarozzo nano nano che porta il nome d'un pupo paladino.

«E finiamola, vah, con le minchiate!» concluse Sasà cefalutano incrociando le braccia sopra il petto e puntando in alto il mento per l'orgoglio offeso.

Il Mandralisca non sopportava più quel chiacchierìo

che dall'alto del serpe gli rimbalzava dentro la vettura, la voce cavernosa e impastata di catarro del cocchiere e quella acuta e stridula di Rosario Guercio suo criato.

Ma giunsero finalmente a Militello. Si diressero alla posta, dietro la Nunziata, per il cambio dei cavalli.

«Vuole scendere, eccellenza, mangiare qualche cosa, sgranchirsi un po' le gambe?» chiese Sasà a Mandralisca mettendo dal finestrino il suo testone dentro la carrozza.

«Vai, vai, Sasà, vacci tu con il cocchiere» disse infastidito il Mandralisca mettendo sulla palma di Sasà una moneta e sventolandogli poi le dita avanti al naso per significargli che non osasse più di disturbarlo.

Era depresso, d'umore tutto nero. E così si mantenne per tutto il tempo che ci volle per passare per Santa Maria, Montarolo, per il Trappeto di Rantù, fino al Rosario, ch'era la prima chiesa che s'incontra giungendo dentro Alcàra.

Si fece forza e tentò di sollevarsi, di fingere un po' di gioia, un po' di contentezza d'essere giunto finalmente ed incontrare il suo ospite di qua barone Manca, che mai aveva visto in vita sua e conosceva solo per corrispondenza. La sua mania antica, la sua pervicace volontà nella ricerca, la passione inveterata per le lumachelle, l'orgoglio suo, l'ambizione d'essere un giorno, presto, chiamato in tutto il Regno, e oltre, scienziato, gli fecero aprire le labbra in un sorriso quando, apertogli Sasà lo sportellino, il Mandralisca scese dalla carrozza e mise i piedi, svelto e leggero, sopra le bàsole della piazza San Nicolò Politi al centro del paese.

Era tutta in sole e tutto era in preparativa d'una festa. Montavano striscioni bandiere lampioni vessilli arazzi festoni buché cordelle e nappe i paesani, che si fermarono tutti ad osservare la carrozza e i tre foresti giunti sopra d'essa chi lo sa da dove.

Le campane della Matrice suonarono mezzogiorno di vigilia. Il Mandralisca si guardò d'intorno, gli occhi socchiusi per la gran luce dopo la penombra dentro la vettura, e da una strada vide sbucare nella piazza, in testa a un drappello di servi e di campieri, un uomo saltellante sopra due gambette storte, tondo come una botte, i braccini aperti, tutto sorridente nella sua faccia lucida di lardo.

"Come siamo sgradevoli, che brutta razza siamo!" disse tra sé il Mandralisca andando incontro, sorridendo, verso il barone Manca.

V
Il Vespero

In Alcàra Li Fusi li 16 maggio 1860

Era al Sollazzo Verde del barone Manca Peppe Sirna. Tagliato dentro. Dall'alba dava forte con la sua sciamarra, un colpo dietro l'altro, rantolando, hah hah, su quella crosta dura di petraia, in dorso di collina declinante, pane tomazzo e acqua unico ristoro a mezzogiorno. Piegato in due. Zuppa la camicia e il gilè, il fazzoletto al collo, con quel sole di maggio che ancora gli mordeva sulle spalle. E dava, con furia e passione, legato alla speranza che que' quattro tumuli di terra forse presto, domani, chi lo sa... E non pensava ad altro. Ch'a questa idea antica, familiare, per cui scivolava nell'assopimento, nell'oblio di sé nella fatica. E non sapeva più d'essere un uomo, Giuseppe Sirna Papa, nato ad Alcàra, di anni ventisei, bracciale, figlio di Giuseppe, marito a Serafina... E non sapeva del luogo, dell'ora e la stagione. Solo lo stridere della zappa sulla terra e le pietre, e lui incantato, appresso, hah hah, come asino cieco dietro al cigolar di secchia della sènia.

Ma gli cadde d'un tratto la zappa dalle mani, si piegò sulle ginocchia, e con lamento fievole scivolò bocconi sulla terra. Ansimava, "mamma" ebbe il tempo di dire, e vomitò. Si pulì il muso di furetto e si girò supino, le braccia aperte. Strizzò gli occhi alla vista d'un grande cielo rosso, fiammante, pel sole che scivolava verso il ponente. Chiuse gli occhi e si premette con la mano il cuore che galoppava dentro come un puledro. S'alzò a sedere, s'abbracciò le gambe e abbandonò la testa sopra le ginocchia.

Ed ecco che, *stando così immoto a sedere, sentì arrivarsi all'orecchio come un'onda di suono non bene espresso, ma che pure aveva non so che d'allegro. Stette attento, e riconobbe uno scampanare a festa lontano; e dopo qualche momento, sentì anche l'eco del monte, che ogni tanto ripeteva languidamente il concento, e si confondeva con esso. Di lì a poco sente un altro scampanìo vicino, anche quello a festa; poi un altro.* Corre per l'aure vespertine l'umìl saluto, dalle campane del paese, la Matrice l'Annunziata San Michele, su per le balze i pizzi le montagne, rotola giù di clivo in clivo dentro i valloni, s'espande torno la campagna piana, gli orti i prati le messi i boschi le terre gerbide, vibrando per l'aer terso, cremisi lucente; rispondono le campane delle chiese di campagna, dell'Eremo, il Rogato. A festa. Per l'Ascensione di domani, diciassette maggio. I miseri villani, tirando giù la coppola, scovrono il capo, curvan la fronte nobili e campieri. Lenta melodìa di flauti, basso mormorar di marranzani, allegro tintinnar di ciancianelle passa invisibil tra la terra e il cielo: si scioglie come grumo di miele, gruppo di seta la pena del travaglio, e sospiroso pensar, languore dentro il petto che vortica e preme a far sgorgare lacrime. Tutto è fermo, sospeso in un'attesa: le barche al mare di cerchi raggi spore di giallo e arancio, la barca con le pecore bianche in mite declinare fino alle teste pendule sul pelo delle acque, il remator pensoso, la calda madre avvinta al nutrichello stupefatto. Oppure: uomini capochini in brache di cartone, donne dentro pieghe di legno delle lunghe gonne, animali, tridenti obliqui piantati sul terreno, sporte con patate e cavoli, carriole, badili, zapponi.

Quello abbandonato sopra le zolle di Sollazzo Verde

aveva il manico lordo di vomito. Peppe lo prese, lo sfregò contro la terra e poi su troffe secche di gramigna. "A Santa Marecùma..." gli balenò d'un tratto nella mente.

«A Santa Marecùma, porco lio!» disse scuotendosi di colpo. E svelto, tosto, deciso, come più convinto, completamente arreso a qualcosa che credeva giusta ma in cui fino a poco prima s'affacciava il dubbio, si versò nelle mani e si spruzzò in faccia l'ultima acqua fresca della bòmbola; raccolse la trùscia, la falce e lo zappone, e saltellò a precipizio giù per il viòlo.

Le montagne erano nette nella massa di cupo cilestro contro il cielo mondo, viola di parasceve. Vi si distinguevano ancora le costole sanguigne delle rocche, le vene discendenti dei torrenti, strette, slarganti in basso verso le fiumare; ai piedi, ai fianchi, le chiome mobili, grigio argento degli ulivi, e qua e là, nel piano, i fuochi intensi della sulla, dei papaveri, il giallo del frumento, l'azzurro tremulo del lino. E si distinguevano i viòli serpeggianti, i passi, le trazzère. E i villani a gruppi, con gli asini, le capre, pastori e bracciali che tornavano dai feudi lontani, dalla Comune, Mangalavite, Scavioli, Bacco, Lèmina, Murà. Scendevano festosi, convergevano al basso, verso la conca ascosa di Santa Marecùma.

Peppe si trovò nello spiazzo della forgia, dove la massa dei compagni, a due a tre a gruppi, in piedi contro i tronchi degli alberi, sdraiati sopra l'erba, parlavano vocianti, gesti contratti, rapidi, manate sulle spalle; e minacce, insulti, sputi, lazzi, turco santiare. Contro assenti, lontani.

«O Peppe, Peppe Sirna...» si sentì chiamare. Era Nino Carcagnintra vicino a Cola Vinci, Michele Patroniti, Santo Misterio, Cola Quagliata, Turi Tanticchia e Peppe Tramontana, compari di travaglio e di bevuta.

«Oh» rispose Peppe, e s'accostò al gruppo.

«E che è 'sto malo colore, 'sta faccia smorta, Peppe?» l'interrogò il Quagliata.

«Niente.»

«Cacazzo, spavento, tremito di culo?»

«Uh, uh» gli fece Peppe. «Parlò il brigante Testalonga. Mi strapazzai troppo e vomitai, là, a Sollazzo Verde.»

«Animo, Sirna, finimmo il lastimare!» disse Misterio.

«Domani riprenderai colore» fece Tramontana.

«Rosso come il mosto» replicò Quagliata.

«Rosso!» fecero tutti, e scoppiarono in una gran risata.

E altri risero, dietro le loro spalle. Peppe si girò, ridendo pure lui, ed erano tanti, quaranta, cinquanta?, tutti compagni, amici, conoscenti, quali fermi, muti, braccia incrociate al petto, seri, e quali allegri, eccitati, saltanti sopra le zampe fasciate nelle pezze. In quella, sbucarono dal folto delle querce tre cavalieri in groppa a tre giumenti. Si fermarono davanti al muro della forgia. Al centro don Ignazio Cozzo e, ai lati, don Nicolò Vincenzo Lanza e Turi Malandro Fragapane, i primi due civili e l'altro capo dei bracciali.

Si smorzarono le voci a poco a poco, si fece silenzio in tutta l'assemblea.

Prese la parola don Ignazio.

«Alcaresi, compaesani, amici, non più indugi e titubanze: l'ora del riscatto è scoccata. Il generale Garibaldi è giunto ad Alcamo, un paese alle porte di Palermo. Il vile Borbone è finalmente scacciato da questa terra santa. A noi il dovere di far giustizia con le nostre mani dei nemici di qua. Già consimili azioni si preparano in ogni paese e villa di Sicilia. È tutta un'esultanza, un'opra, una volontà decisa d'abbattere il tiranno. Dio, San Nicola, Garibaldi e Vittorio Emanuele sono con noi. All'armi, dunque. Né pietà o codardìa arresti il nostro braccio. Alcaresi, grande è stata per anni la sopportazione nostra, grande è la nostra rabbia, grande sia domani il nostro coraggio!»

Don Nicolò Vincenzo Lanza, biondo, allampanato, ad ogni parola, assentiva con la testa, facendo su e giù, come la sua giumenta.

Turi Malandro stava a testa alta, immobile, fissando tutti negli occhi, a uno a uno, la birritta calcata a mezza fronte, una mano alla cinghia dello schioppo e l'altra serrata alle redini del mulo.

«Domani» continuò don Ignazio «con la scusa della festa, un drappello di voi percorrerà il paese al suono del tamburo e sventolando il tricolore. S'inviteranno i cittadini a uscire, a radunarsi tutti nella piazza, per festeggiare, si dirà (tanto, è quistione d'ore), la presa di Palermo da parte del generale Garibaldi. Ognuno di voi si troverà nella piazza, davanti al casino, e, al grido di Malandro (e questo sarà il segnale stabilito) "Viva l'Italia!" si scaglierà sopra il civile che si troverà davanti. Poi... Fate come volete... Non vi dico altro. Solo un'ultima cosa. Questa notte, a mezzanotte in punto, tutti alla chiesa del Rosario. Ci saremo noi tre e il parroco, padre Saccone. Davanti a questo ministro di Dio, sopra il Vangelo, ognuno di noi farà solenne giuramento. Alcaresi, a stanotte. Ora vi parlerà Turi Malandro.»

Turi non si scompose. Immobile com'era, mosse le labbra, parlò con voce grave e disse:

«Io dico: il segnale sarà "Giustizia!" e non "Viva l'Italia!", capiste? "Giustizia!" griderà Turi Malandro. Avverto: la cosa più ordinaria è il primo gesto, il primo scanna scanna pressati dalla rabbia. Cosa che pure 'na femmina può fare. Dopo comincia il ballo vero. Perché dopo, il sangue, le grida, le lacrime, misericordia, promesse e implorazioni potranno invigliacchire i fegati più grossi. V'avverto: se uno, uno solo si lascia brancare da pena o da paura, tutta la rivoluzione la manda a farsi fottere. E allora: se qualcuno pensa in tutta buona fede che può essere di questi, lo dica sin d'adesso, mentre che siamo in tempo. Forza, picciotti, non c'è vergogna.»

Stettero tutti muti.

«Meglio così» disse il Malandro. E proseguì: «E per finire, contrasto. Contrasto con don Ignazio Cozzo circa quel giuramento. Per tre motivi: la chiesa non fa per noi; il prete è cosa strana, d'altra razza; il Vangelo non sappiamo leggerlo. Propongo: il giuramento si faccia qui, su due piedi».

E si zittì.

Replicò don Ignazio:

«Circa quella "Giustizia", niente da contraddire. L'Italia o la giustizia sono la stessa cosa: parole. Valgono per quello che nascondono: il segnale. E allora giustizia resta convenuto. Quanto al primo e al secondo coraggio, Malandro mi trova dello stesso sentimento. E me ne compiaccio nel vedere tutti concordi, decisi a non tirarsi indietro. Veniamo al terzo punto... Don Nicolò!» disse inviperito girandosi verso il Lanza che gli stava accanto. «E che cazzo?! Finitela di fare avanti e indietro con la testa, mi fate salire la nausea!»

L'assemblea diede in una gran risata. Don Nicolò Vincenzo si fece paonazzo, piegò le spalle e si raccolse tutto in groppa al suo cavallo.

«Veniamo al terzo punto, dicevo» proseguì don Ignazio. «Il giuramento. Compari miei... Nessuno qui vi vuole dare i sacramenti, l'acqua santa, l'ostia e l'olio del trapasso...» e alzò in aria una mano con le corna in segno di scongiuro. «Scherziamo? Voi mi conoscete per santocchio? O pure don Nicolò Vincenzo qui presente? Sia mai! Vedete... Noi siamo un poco come dire?, alletterati, leggiamo le gazzette e quindi diventammo liberali. Che significa, ah?, che significa? Significa che siamo contro il Borbone e i servi suoi, ma anche contro la chiesa che protegge le angherie e i tiranni. In quanto ai preti... Vi posso assicurare che non sono tutti uguali. Voi conoscete l'arciprete Adorno, padre Morelli di San Pantaleo, padre Artale di San Michele, i monaci del convento, tutti amici e soci degli usurpatori. Ma padre Saccone del Rosario, v'assicuro, è un'altra cosa. Prima di tutto, la sua parrocchia è povera. Non ha i feudi e le rendite come San Pantaleo e la Matrice. E, detto tra noi, anche padre Saccone è liberale. E poi... Egli è parente, tramite parenti, d'un certo capitano che segue Garibaldi. E chi mi dà, chi, tutte queste notizie de' garibaldesi giunti fino ad Alcamo e domani, speriamo, fino a Palermo? Vi posso dire una cosa? Se noi non abbiamo la protezione di questi militari e liberali, domani chi affermerà davanti a tutto il mondo che noi abbiamo fatto bene? Voi mi capite, no? Ora, padre Saccone ha questo sfizio del solenne giuramento. Dice che sempre fu così a memoria d'uomo, che quelli che compirono imprese coraggiose rimaste nella storia sempre sancirono il patto con solenne giuramento sopra il Vangelo: gli ammazzatori di Giulio Cesare, i Crociati, i Paladini di Francia, i Vespri Siciliani, la Battaglia di Legnano, il Giuramento di Pontida, la Disfida di Barletta... Padre Saccone è uomo sapiente e queste cose le conosce tutte. E dunque? E noi? E poi, non siamo tutti divoti a san Nicola? E che tiene san Nicola nelle mani? Un libro, il Vangelo. Voi, Malandro, per cominciare, non siete di quelli che si mette sotto la vara per la festa del patrono? E voi, e voi...» diceva don Ignazio indicandoli col dito a uno a uno.

«San Nicola è un'altra cosa!» mormorò Turi Malandro.

«Suvvia, amici, non diamo troppo peso a questa fesseria... Padre Saccone vuole il giuramento sul Vangelo? E giuramento sia. Che ci costa? Con in più, anche le nostre donne, se sanno che c'è di mezzo un prete, si fanno più convinte. E pensiamo anche al dopo. Alcaresi, allora, rispondete: volete il giuramento sul Vangelo?»

«Sì!» rispose in coro l'assemblea.

«Viva san Nicola! A stanotte, dunque, alla chiesa del Rosario!»

Turi Malandro si calcò di più la birritta sopra gli occhi, diede uno strappo alle redini del mulo, che si girò su se stesso e diede a tutti il culo, prendendo a camminare verso il paese. Si mossero pure le due cavalcature di don Ignazio e don Nicolò Vincenzo.

Pastori e bracciali ripresero a parlare, a vociare, in gruppi come prima, a tre a quattro a cinque, e poi, chi prima chi dopo, a dritta a manca, tutti verso il basso, si mossero per tornare nel paese.

Peppe Sirna, zappone sulla spalla, si mise con Bellicchia, Vinci, Quagliata, Misterio, Tanticchia e Tramontana. Muti procedevano, uno dopo l'altro sul viòlo, saltando, come le tre capre di Tanticchia, le quali deviavano ogni tanto s'una timpa a strappare foglie, svelte come ladre, tremule e guardinghe, e giù subito, a cogliere la guaiana della fava sporgente dalla siepe. E il becco le inseguiva.

«Bruhunci...» faceva Misterio. «Rossa, Signorina, uh, buttana!» e gli tirava dietro ammazzacani.

Carcagnintra mormorava, faceva un suo discorso non si sapeva a chi, con mosse delle mani e con parole strambe, smozzicate, in cui si palesava chiaro solo il santiare, e porco qua e porco là.

Quagliata, ad ogni tanto, come 'na cantilena, continuava a fare:

«I porcicelli miei, dentro lo stazzo, sono allupati. Da quattro giorni non toccano pastone» e rideva, ciondolando la testa, rideva sotto i baffi.

Santo Misterio, famoso per stornelli e serenate, incominciò a cantare:

All'armi, all'armi, la campana sona.
Li turchi sunu iunti a la marina...
All'ordini cuteddi e cutiddini,
scupetti, baddi, prùvuli e lupari...
– Viva la libirtà! nisciti fora!
tutti li sbirri ardèmmuci la lana!...
– Fora, picciotti, cu la vostra lama,
la cutiddina chi fa tirribbìlia:
pr'aviri libirtà la genti abbrama.
Viva la libirtà di la Sicilia!

Ardevano per tutte le contrade i fuochi di vigilia, all'Eremo, al Rogato, a Sant'Uffizio, sulle creste, per le valli e fino alle porte del paese. Erano segni, luci, conche, cuori svampanti che s'aprono in faville.

E giunsero a' Cappuccini, passarono Mandrazza, il ponte sopra Stella (il soffio della sera s'avvolgeva cantando ai pioppi tremuli); dimorarono, come si suole, al piano Abate; era una fontana bianca, bianca nella notte, con sette cannoli freschi sprizzanti nella vasca dal basso della spalla bella come una chiesa: panciuta e rientrata, volute pinnacoli riccioli di pietra e colonnine (faceva capolino una sipàla coi fiori gialli del ficodindia gerbo); in mezzo si stendeva incoronata l'aquila con ali e coda a spiego di ventaglio; e sotto il mascherone con gote a pomo pel soffiar dell'acqua. Si ristorarono. Fecero la strada Donadei e, sul finire, nella vanella stretta che sbuca nella piazza, all'angolo, dov'è il Casino, sentirono un civile che sulla soglia, pollici appuntati nel gilè, paglietta di traverso, nascando in aria, a insulto e scherno ebbe a profferire:

«Ah, che puzzo di merda si sente questa sera!»

S'arrestarono, compresi capre e becco, rossi pel sangue che gli montò alla testa. Si guardarono tra loro interroganti. Carcagnintra impugnò il falcetto fissato alla cintura; Sirna, con colpo repentino della spalla, si spostò lo zappone avanti al petto come per *guard'a voi*; Tanticchia tirò fuori dalla sacca le cesoie molate per le capre. Il Patroniti, con un balzo, si portò indietro a tutti, aprì le braccia, e cominciò a spingere, petto contro le spalle, per farli camminare.

«Calma, picciotti, calma, buoni...» dicendo sottovoce. «Portiamo pazienza... Fino a domani.»

Si mossero, spalla contro spalla, lo sguardo fiso avanti, rigida schiera di statue di pietra o cartapesta, passo strisciante nelle calzature di pezze e di montone, denti serrati e soffiar forte dal naso per furia compressa e bile che riversa.

«Ah ah, puzzo di merda, papà, ah ah» sentirono ancora

alle spalle che faceva Salvatorino, grasso come 'na femmina, babbalèo, mammolino, ancora a quindici anni sempre col dito in bocca, la bava e il moccio, unico erede, presciutto tesoro calasìa, al padre professore Ignazio e al nonno sindaco, il notaio Bàrtolo.

Tanticchia girò la testa sopra il tronco e lo guatò sbieco.

«Garrusello e figlio di garruso alletterato!» disse, e poi sputò per terra, bianco e sodo, tondo come un'onza.

VI

Lettera di Enrico Pirajno all'avvocato Giovanni Interdonato come preambolo a la memoria sui fatti d'Alcàra Li Fusi

Cefalù li 9 ottobre 1860

Egregio Interdonato, caro amico,

Vogliate riandare con la memoria a una serata di novembre del 1856, ove sbarcato che foste a Cefalù, accompagnato con un giovane di nome Palamara, da un veliero proveniente dalle Eolie, mi faceste l'onore di eleggermi Vostro ospite immerito, e donatario, siccome pegno d'amicizia e d'affetto, Vostro e dello speziale Carnevale, d'una greca creta cotta di fattura liparitana raffigurante Kore, ch'io, irriflessivo e retore, chiamai d'acchito Italia. Or perché conosciate d'in sul principio colui che ha l'ardire di sottrarVi il tempo utile all'occupazioni e affanni che richiedono i Vostri pubblici incarichi, e perché liberamente possiate interrompere, senza pena o rimorso, la lettura della presente, Enrico Pirajno – di Mandralisca s'aggiunge per meglio venir significato – si dichiara estensore di questa memoria che ambirebbe sottoporre alla Vostra intelligenza e riflessione. Il quale chiede perdono per questo preambolo, per la prolissità d'essa memoria e per i vizî di forma e di sostanza ch'essa potrebbe contenere. E perché, oltre che l'estensore della presente, che di poco importanza si presume, conosciate similmente d'un subito l'oggetto istesso, sappiate che si tratta degli atroci fatti succedutisi in Alcàra Li Fusi sopra i Nèbrodi, in Val Dèmone, il dì 17 maggio e seguenti or ora scorsi, e di cui lo scrivente si è trovato a esser, ahi!, in parte spettatore per fortuito caso o per destino. Caso o destino che porta ora questi fatti alla conoscenza e competenza della Gran Corte di Messina, dove Voi sedete nella qualità di Procuratore Generale, dopo d'esserVi dimesso dalla carica di Ministro agli Interni del Governo Dittatoriale, così com'io apprendo dal "Giornale Ufficiale".

Nelle more del giudizio che dovrà emettere codesta Corte nei riguardi degli imputati, villani e pastori d'Alcàra, scansati alla fucilazione cui soggiacquero tredici d'essi in Patti, dietro sentenza di quella Commissione Speciale, il dì 18 dell'agosto scorso, quali in catene e quali latitanti, questa memoria non suoni invito istigativo a far pendere i piatti della bilancia della Giustizia sacra da una parte o dall'altra, ma sia intesa quale mezzo conoscitivo indipendente, obiettivo e franco, di fatti commessi da taluni che hanno la disgrazia di non possedere (oltre a tutto il resto) il mezzo del narrare, a voce o con la penna, com'io che scrivo, o Voi, Interdonato, o gli accusatori o contro parte o giudici d'essi imputati abbiamo il privilegio. E cos'è stata la Storia sin qui, egregio amico? Una scrittura continua di privilegiati. A codesta riflessione sono giunto dopo d'aver assistito a' noti fatti.

Or io invoco l'Esser Supremo, l'Intelletto o la Ragione o Chiunque Altro ci sovrasti, a che la mente non vacilli o s'offuschi e mi regga la memoria nel narrare que' fatti per come sono andati.

E narrar li vorrei siccome narrati li averìa un di quei rivoltosi protagonisti moschettati in Patti, non dico don Ignazio Cozzo, che già apparteneva alla classe de' civili e quindi sapiente nel dire e nel vergare, ma d'uno zappatore analfabeta come Peppe Sirna inteso Papa, come il più giovine e meno malizioso, ché troppe sono, e saranno, le arringhe, le memorie, le scritte su gazzette e libelli che pendono dalla parte contraria agli imputati: sarà possibile, amico, sarà possibile questo scarto di voce e di persona? No, no! Ché per quanto l'intenzione e il cuore sian disposti, troppi vizî ci nutriamo dentro, storture, magagne, per nascita, cultura e per il censo. Ed è impostura mai sempre la scrittura di noi cosiddetti illuminati, maggiore forse di quella degli ottusi e oscurati da' privilegi loro e passion di casta. Osserverete: ci son le istruzioni, le dichiarazioni agli atti, le testimonianze... E bene: chi verga quelle scritte, chi piega quelle voci e le raggela dentro i codici, le leggi della lingua? Uno scriba, un trascrittore, un cancelliere. Quando un immaginario meccanico istrumento tornerebbe al caso, che fermasse que' discorsi al naturale, siccome il dagherrotipo fissa di noi le sembianze. Se pure, siffatta operazione sarebbe ancora ingiusta. Poi che noi non possediam la chiave, il cifrario atto a interpretare que' discorsi. E cade acconcio in questo luogo riferire com'io ebbi la ventura di sentire un carcerato, al castello dei Granza Maniforti, nel paese di Sant'Agata, dire le ragioni nella parlata sua sanfratellana, lingua bellissima, romanza o mediolatina, rimasta intatta per un millennio sano, incomprensibile a me, a tutti, comecché dotati d'un moderno codice volgare. S'aggiunga ch'oltre la lingua, teniamo noi la chiave, il cifrario dell'essere, del sentire e risentire di tutta questa gente? Teniamo per sicuro il nostro codice, del nostro modo d'essere e parlare ch'abbiamo eletto a imperio a tutti quanti: il codice del dritto di proprietà e di possesso, il codice politico dell'acclamata libertà e unità d'Italia, il codice dell'eroismo come quello del condottiero Garibaldi e di tutti i suoi seguaci, il codice della poesia e della scienza, il codice della giustizia o quello d'un'utopia sublime e lontanissima... E dunque noi diciamo Rivoluzione, diciamo Libertà, Egualità, Democrazia, riempiamo d'esse parole fogli, gazzette, libri, lapidi, pandette, costituzioni, noi, che que' valori abbiamo già conquisi e posseduti, se pure li abbiam veduti anche distrutti o minacciati dal Tiranno o dall'Imperatore, dall'Austria o dal Borbone. E gli altri, che mai hanno raggiunto i dritti più sacri e elementari, la terra e il pane, la salute e l'amore, la pace, la gioja e l'istruzione, questi dico, e sono la più parte, perché devono intender quelle parole a modo nostro? Ah, tempo verrà in cui da soli conquisteranno que' valori, ed essi allora li chiameranno con parole nuove, vere per loro, e giocoforza anche per noi, vere perché i nomi saranno intieramente riempiti dalle cose.

Che vale, allora, amico, lo scrivere e il parlare? La cosa più sensata che noi si possa fare è quella di gettar via le chine, i calamari, le penne d'oca, sotterrarle, smetter le chiacchiere, finirla d'ingannarci e d'ingannare con le *scorze* e con le *bave* di chiocciole e lumache, limaccia, babbalùci, fango che si maschera d'argento, bianca luce, esseri attorcigliati, spiraliformi, viti senza fine, nuvole coriacee, riccioli barocchi, viscidumi e sputi, strie untuose...

Vidi una volta una lumaca fare strisciando il suo cammino in forma di spirale, dall'esterno al punto terminale senza uscita, come a ripeter sul terreno, più ingrandita, la traccia segnata sopra la sua corazza, il cunicolo curvo della sua conchiglia. E sedendo e mirando mi sovvenni allor con raccapriccio di tutti i punti morti, i vizi, l'ossessioni, le manie, le coartazioni, i destini, le putrefazioni, le tombe, le prigioni... Delle negazioni insomma d'ogni vita, fuga, libertà e fantasia, d'ogni creazion perenne, senza fine...

E son peggiori de' corvi e de' sciacalli, le lumache, le creature belle, ermafrodite: temono il sole, distruggono i vivai e le colture, si nutron financo di liquami, decomposizioni, umori cadaverici, s'insinuano in carcasse, ne spolpano le ossa, ricercano ne' teschi le cervella, il bulbo acquoso nell'orbita dell'occhio... e non per caso i Romani le mangiavan ne' pasti funerarî...

Confesso: dopo i fatti d'Alcàra ho detto addio alla mia pazza idea dello studio sopra la generale malacologia terrestre e fluviatile di Sicilia: ho dato fuoco a carte, a preziosi libri e rari, fatto saltare dal terrazzo il microscopio, schiacciato gli esemplari d'ogni famiglia e genere: *ancylus vitrina helix pupa clausilia bulinus auricula*... Al diavolo, al diavolo! (La gioja e il piacere nel sentire quel rumore di scorze sotto le suole!)

Che più, che fare, amico Interdonato?

"Agire, agire!" mi si potrebbe contestare. Ma per chi? Con chi? E come? Per l'Italia e i Savoja? Con Garibaldi? Combattendo?

Fui partecipe nel '56 della sommossa sventata e poi repressa a Cefalù. Esultai e palpitai anch'io in uno a quel manipolo d'intrepidi, i Botta, il Guarnera, Maggio, Màranto, Sapienza, Bevilacqua, vessillifero giojoso ed esultante il vostro Giovannino Palamara, ch'assalito il posto delle guardie, disarmatele, si portarono poi a liberar dalle catene lo Spinuzza... Ho visto imprigionar costoro, le signorine Botta in uno con la madre veneranda, le cui gentili mani aveano intessuto i fili d'oro della speranza sopra quel drappo insegna della fede... Ho visto le palle soldatesche rompere il petto del povero Spinuzza, impassibile e fiero, biondo come un Manfredi di sveva discendenza... "Offri a Dio la tua vita, così il carnefice non potrà gloriarsi di avertela tolta", gli suggeriva il prete corvo, Restivo, dandogli da baciare il crocifisso. Respinse, il valoroso, il consiglio e il segno di Passione, "Offro all'Italia" dicendo "la mia vita". E al silenzio che seguì alla sparatoria, lancinante, disumano echeggiò nell'aria, proveniente da un balcone sulla piazza, di colpo spalancato, l'urlo d'una fanciulla pazza, Giovanna Oddo, l'innamorata dell'uomo appena morto.

Io mi dicea allora, prima de' fatti orrendi e sanguinosi ch'appena sotto comincerò a narrare, quei d'Alcàra intendo, finito che ho avuto questo preambolo, io mi dicea: è tutto giusto, è santo. Giusta la morte di Spinuzza, Bentivegna, Pisacane... Eroi, martiri d'un ideale, d'una fede nobile e ardente.

Oggi mi dico: cos'è questa fede, quest'ideale? Un'astrattezza, una distrazione, una vaghezza, un fiore incorporale, un ornamento, un ricciolo di vento... Una lumaca. Perché, a guardar sotto, sotto la lumaca intendo, c'è la terra, vera, materiale, eterna.

Ah la terra! È ben per essa che insorsero quei d'Alcàra, come pure d'altri paesi, Biancavilla, Bronte, giammai per le lumache.

Agire, dunque, Interdonato? Non io, non io! L'unica azione degna che m'accinga a fare è quella di lasciare la mia casa, i miei beni e destinarli a scuola, insegnamento pei figli dei popolani di questa mia città di Cefalù. Sì che, com'io spero, la storia loro, la storia, la scriveran da sé, non io, o voi, Interdonato, o uno scriba assoldato, tutti per forza di nascita, per rango o disposizione pronti a vergar su le carte fregi, svolazzi, aeree spirali, labirinti... Lumache. I libri e la ricolta d'antichità e dipinti saranno una pubblica biblioteca e un museo, nel quale risplenderà, come un gioiello, voi già sapete, quel ritratto d'ignoto d'Antonello, a voi sì simigliante... E forse un poco anche a me, ma pure al pittore Bevelacqua, a mio cugino Bordonaro, al vescovo di qua Ruggiero Blundo, e infino anche, e ciò mi duole, al già ministro borbonico Cassisi e al direttore di polizia Maniscalco... Sapete? A furia di guardarlo, quell'uomo sconosciuto, qui nel mio studio, in faccia allo scrittoio, ho capito perché la vostra fidanzata, Catena Carnevale, l'ha sfregiato, proprio sul labbro appena steso in quel sorriso lieve, ma pungente, ironico, fiore d'intelligenza e sapienza, di ragione, ma nel contempo fiore di distacco, lontananza (come quella materiale vostra d'un tempo, per mari e porti e capitali d'Europa e d'Africa), d'aristocrazia, dovuta a nascita, a ricchezza, a cultura o al potere che viene da una carica...

Ho capito: lumaca, lumaca è anche quel sorriso!

Agire, vi dicevo, Interdonato. A voi tocca adesso, caro amico. E non più per l'Ideale, sì bene per una causa vera, concreta, dappoiché per caso o per destino vi ritrovate nelle condizioni, in qualità di Procuratore Generale della Gran Corte di Messina, di decidere della vita di uomini ch'agiron sì con violenza, chi può negarlo?, ma spinti da più gravi violenze d'altri, secolari, martirii soprusi angherie inganni...

E mi sia concesso qui di riportare questa riflessione del Pagano:

"Così se tu, mortale, distendi la tua mano e la tua forza di là del confine che ti segnò natura, se occupi dei prodotti della terra tanto che ne siano offesi gli altri esseri tuoi simili, e manchi loro la sussistenza, tu proverai il riurto loro; il tuo delitto è l'invasione, il violamento dell'ordine; la tua pena è la distruzione." Pensiero che il Pisacane riprende e a cui soggiunge: "Il frutto del proprio lavoro garantito; tutt'altra proprietà non solo abolita, ma dalle leggi fulminata come il furto, dovrà essere la chiave del nuovo edifizio sociale. È ormai tempo di porre ad esecuzione la solenne sentenza che la Natura ha pronunciato per bocca di Mario Pagano: la distruzione di chi usurpa".

La proprietà, Interdonato, la più grossa, mostruosa, divoratrice lumaca che sempre s'è aggirata strisciando per il mondo. Per distruggere questa i contadini d'Alcàra si son mossi; e per una causa vera, concreta, corporale: la terra: punto profondo, ònfalo, tomba e rigenerazione, morte e vita, inverno e primavera, Ade e Demetra e Kore, che vien portando i doni in braccio, le spighe in fascio, il dolce melograno...

VII

Memoria

Cefalù li 15 ottobre 1860

Parlai nel preambolo di sopra d'una memoria mia sopra i fatti, d'una narrazione che più e più volte in tutti questi giorni mi studiai redigere, sottraendo l'ore al sonno, al riposo, e sempre m'è caduta la penna dalla mano, per l'incapacità scopertami a trovare l'avvio, il timbro e il tono, e le parole e la disposizione d'esse per poter trattare quegli avvenimenti, e l'imbarazzo e la vergogna poi che dentro mi crescean a concepire un ordine, una forma, i confini d'un tempo e d'uno spazio, a contenere quell'esplosione, quella fulminea tromba, quel vortice tremendo; e le radici, ancora, le ragioni, il murmure profondo, lontanissimo da cui discendea? La contraddizione infine nel ritrovarmi a dire, com'io dissi, dell'impossibilità di scrivere se non si vuol tradire, creare l'impostura, e la necessità insieme e l'impellenza a farlo.

Degli esiti soltanto m'era agevole parlare, e licito, non solo per averli visti, e de' fatti seguiti alla rivolta, in cui i protagonisti, già liberi di fare e di disfare per più di trenta giorni, eseguir gli espropri e i giustiziamenti ch'hanno fatto gridar di raccapriccio, ritornano a subire l'infamia nostra, di cose e di parole.

Così cadde la penna.

Ma mi sovvenni la notte appena scorsa – un lampo! – qui nel gabinetto di scrittura (il riso dell'Ignoto, a me davanti, al tremolìo del lume, da lieve e ironico mi parve si volgesse in greve, sardonico, maligno) d'alcune carte ove calato avea di pugno mio, pari pari, con fede notarile, le scritte di carbone sopra un muro, stese come da meccanico congegno, mano staccata, indipendente da un corpo e da una mente, e vale a dire le testimonianze personali de' protagonisti, d'alcuni d'essi poscia moschettati, di don Ignazio Cozzo, immagino, Peppe Sirna, Turi Malàndro, Michele Patroniti e ancora altri.

Dove rinvenni quelle scritte? E chi piegato avea, materiato quelle strenue voci sopra il muro?

Torno all'indietro per poter spiegare.

Il sedici di maggio recavami in Alcàra, ospite del barone Crescenzio Manca, per quell'idea strologa, dannata, della ricerca e catalogazione di lumache, e il diciassette dunque, l'Ascensione, successe in quella piazza il quarantotto, ma subito avvertiti da un emissario di un tal Saccone, prete del Rosario, scappammo alla dirotta su per le rocche alte fino alle falde del Calanna per rifugiarci dentro al romitorio di Santo Nicolò, a guardiano un eremita pazzo che nel cuor della notte ci svegliava, donne e bambini tremuli e piangenti, nero caprigno allucinato, in aria il bordone minaccioso, obbligandoci prostrati ad espiare, baciare nel canestro una mantella, uno scarpino, una treccia recisa di capelli, reliquie appartenenti, per suo farneticare, a una santa vergine, morta, risorta e poi rimorta per grazia della croce, implora gridando l'aiuto ora di dèmoni ora di celesti, così che dopo quaranta giorni circa di questa vita tremenda che per poco non ci menò alla morte o alla follia (il mio servo Sasà s'era ridotto a schiavo e succubo del frate, e l'adorava e vaneggiando, il babbalèo, lasciavasi legnare, vestire di cilicio, cosparger la testa di terra e d'escrementi), cessata la rivolta, fummo liberati.

Di scecchi in groppa, giumente e mulaccioni, cavalcioni financo a servitori, servi costanti e fidi del barone, dall'aspre pietre, dirupi del Calanna, franti e malati, io nel corpo per troppo accasciamento, il mio criato in testa per vacanza, dal romitorio di cattivitate di quell'insano frate liconario, calammo di leggieri sul paese.

Sulla strada Vignazza, al pizzo di Pietrami, che per Serra di Re e Maniàce arriva fino a Bronte, i primi cristiani ch'incontrammo furono due guardie campestri. Rancavano in montata furiosi, pungendo fino a sangue col cavicchio le chiappe delle mule, bestemmiando forte.

«Oh, oh,» gridammo «bona gente, mastri guardiani, che nova da l'Alcàra?»

«Malanova!» risposero, e tirarono innanti a santioni.

Ventiquattro di giugno, San Giovanni, le cinque ore dopo mezzogiorno.

E prima stazione fu in Paràtica, sullo spiazzo de' padri cappuccini.

Oh descriver potrò mai quel teatro, la spaventosa scena paratasi davanti su per le strade, i piani di quel borgo? Il genio mi ci vorrìa dell'Alighieri, dell'Astigian la foga, del Foscolo o del Byron la vena, dell'anglo tragediante, dell'angelo britanno il foco o la fiammante daga che scioglie d'in sul becco delle penne le chine raggelate per l'orrore, o del D'Azeglio o Vittor Hugo o del Guerrazzi almen la prosa larga... Di me, lasso!, che natura di fame, di fralezza e di baragli ha corredato, v'appagate?

Tuttavolta: in prima stazione si contempla folla di morti antichi imbalsamati all'aria sparsa, monaci e civili da fresche tombe e catacombe sorti all'insulto di soli meridiani, lune, piogge, rugiade mattutine, e uno ride e uno piange e l'altro urla, ne' sfilacciati albagi, muffi damaschi e sete svaporate; di qua, gruzzolo informe d'ossa càscie crozze femori e vambraccia, di là, robe imbarazzi coffe cafìsi botti barilotti e damigiane; e qua e là cinìsa, bragia e tizzi, esauste vampate di buffette scranne stipi paglioni vangeli e cartepecore. Chiesa, convento e dipendenze schiavati e guasti, deserti e nel silenzio immersi. Solo un bramito flebile e disteso, logorato, come in falsetto, come d'attore o narrator rifatto, si cogliea nell'aere vagante, e la sua fonte, difficile a sondare, parea che fosse mobile, ora in eccelsa cella campanaria, in cima a un cipresso, ora in giarone, pozzo, sarcofago o catoio interrato sigillata. Era di monaco murato a guisa de *La Viva Sepolta* o d'uno spirto a quel luogo vincolato?

Seconda stazione è il piano Abate.

A la fontana dal perenne canto di sette bocche fresche d'acqua chiara persin gli scecchi volsero la testa, e i muli schifiltosi per natura, i servi e le persone: spesso fetore immondo di carogne pregne a galla nella vasca, macelleria di quarti, ventri, polmoni e di corami sparsi sui pantani e rigagnoli d'intorno, non sai se di vaccina, becchi, porci, cani o cristiani; lo stesso al lavatoio un po' più sotto, fra mezzo a ruote, palle, rocchi bianchi di rustico calcàre; e dal mulino in alto, dal castel Turio e dalla Trinità s'alzavano colonne di fumo grasso e oscuro che in alto si rompevano a formare nell'aria ferma di giugno e meriggiante vortici neri, baffi e scie, neri come i nugoli di corvi quatti sopra i fichi, i muri e le sipàle, o arraggiati in cielo a volteggiare.

E terza stazione è il piano Chiesa intitolato a Santo Nicolò, cuor del paese in cui si dispiegano le facce della Matrice grande, del Casino, del Municipio, del Monte Frumentario, dell'Archivio e i portali anche e i veroni tondi di palazzotti e di dimore grasse di civili.

D'ogni cosa, strazio: nebbia cenere terra vento e fumo.

Che passa? Passa che qui è passato il finimondo.

Nella calda piazza desolata orridi morti addimorati rovesciansi dall'uscio del Casino e vi s'ammucchiano davanti, sulle lastre, uomini fanciulli e anziani. Pesti, dilacerati, nello sporco di licori secchi, fezze, sughi, chiazze, brandelli, e nel lezzo di fermenti grassi, d'acidumi, lieviti guasti, ova corrotte e pecorini sfatti. Sciami e ronzi di mosche, stercorarie e tafàni.

Era il meriggio pieno, senza fine.

Tutto è sconvolto. Non si può guardare.

Subito è la calata di cornacchie, di corvi e carcarazze che dai pinnacoli delle rocche a picco, di Bruno e Minnivacche, aliando si posano sugli angioli, la croce, la banderuola, il tricolore, mozzi, bìlichi e culatte. E la passa di canazzi sciolti, cirnèchi, bracchi e bastardazzi. Di porci anche, a branchi, liberi di cavicchi e di pastoie, pazzi di libertà, briachi di lordura, neri e salvatici come fossero cinghiali.

Che si può far di più?

Di più può far il vulturùne.

Le ali aperte per tre metri e passa, stese le zampe con gli artigli curvi, grasso, enorme piomba a perpendicolo dall'alto come calasse dritto dall'empireo. *L'avvoltoio carnivoro* si posa sopra i morti putrefatti: affonda il rostro, scava, un colpo vigoroso della testa, e strappa, da ventre o da torace, un tocco. S'erge, e vola via con frullìo selvaggio.

Così avvenne.

E taccio d'altri guasti e di saccheggi. Degli archivi e suppellettili e registri del Municipio e del notaro, del Monte Frumentario, parte combusti e parte tutt'intorno dispiegati; delle Sante Madonne e delle Vergini, Dottori e Patriarchi, urne di Pietà e teche di Bambini, legni stucchi cere e cartapeste, drappi veli buché di tarlatana, robe di padre Adorno, l'arciprete, confuse sul sagrato.

E taccio ancora d'altre chiese, di monache violate in clausura e d'altre case, per altri piani e vicoli.

Intanto, scendea per uno di quei vicoli, di nome Donadei, una vecchia scalza, senza la mantellina, sciolti i capelli bianchi sulle spalle. Reggeva con una mano un bel tamburo grande e con l'altra carezzava adagio, in giro la pelle tesa a riscaldarla. La seguiva un vispo fanciullino con tra le braccia un'anforetta d'argilla senza manici, quartarella o mozzone, dalla cui bocca sorgeva fitta un'erba tenera, verde trasparente, d'orzo germogliato, di grano o di cicerchia. Traversata la piazza (il bimbo con le dita si turò il nasino), i due entraron dentro la Matrice, deposero la brocca sull'altare e quindi la vecchia si mise a tamburare. Ventiquattro di giugno, San Giovanni, era per gli Alcaresi la festa del Mozzone, e festeggiare soleano nei quartieri quelle piccole brocche e i germogli, con canti e danze, fino a notte alta. Si scioglievano allor le inimicizie, s'intrecciavano gli amori, i comparaggi.

Strana devozione.

Suonano all'improntto le campane d'una qualche chiesa aquilonare, s'odono crepiti, schianti, botti, vento d'urla, schiamazzi, e un calpestìo che rotola dall'alto.

Che vocìo è questo?

Viene scappando dal quartiere Motta branco confuso d'uomini presi da furia, da sfrenato panico. «Tradimento, aiuto, tradimento!!» gridano correndo, con forche e schioppi, asce, falci, sbattendo campanacci, verso Mandrazza, il Palo, lontano verso Bacco, Lèmina, il Rogato.

E giù e su di poi, altre campane a stormo, dell'Annunziata, della Grazia, del Rosario, gravi squillanti e mediane, segrete fusioni dei tortoriciani.

E ora è la volta del canto lamentoso, del pianto rotto, del cordoglio. Madri, sorelle e spose in fitto gruppo nero di scialli e mantelline, apparso per incanto prope alla catasta, ondeggia con le teste e con le spalle sulla cadenza della melopèa. Il primo assòlo è quello d'una donna che invoca a voce stridula di testa, il figlioletto con la gola aperta. *Madre infelice.*

«Oh Turuzzo, Turi, Tu!»

E il coro le fa eco, all'incontrario:

«Tu, Turi, Turuzzo, Oh!»

E poi lo sposo Gnazio e il suocero notaro. Quindi altre

donne chiamano Peppe, chiamano Luigi, Vicenzo Ciccio Tano Pasqualino...

Lamenti vani.

Ma giugnea fraditanto una carretta tirata da uno scheletro di mulo come quello famelico in galoppo sopra le teste di papi e principi e madame al palazzo Sclàfani in Palermo. Un carrettiere estrano con casacca rossa, fazzoletto e berretto a cazzarola con visiera, all'impiedi sopra il legno, strappando redini e frustando, sguaiato vociava:

«Uuh, uuh, broeuta bestia, marouchì poa te!»[1]

Sghignazzano altri tre appresso al carro, vestiti come il primo, che con sciabole, revolver e carabine tengon prigione in mezzo a loro un gruppo d'alcaresi. Chi sono? Sono i soldati nordici sbarcati con Garibaldi a liberarci dal giogo del Borbone.

Sì, sono d'altro lignaggio.

Il convoglio s'arresta davanti alla ricolta e i soldati allora costringono i villani a caricare i morti sopra il carro. S'alzano acute le grida delle donne, le strigi dal campanile svolazzano lontane. Covrono il carico ballante con drappo di chiesa giallo marezzato, dal cui bordo scappano pendenti qualche testa, perone o una mano.

Carrettata per il cimitero.

Sono le sette pomeridiane e le ombre son lunghe sul terreno, il sole va calando verso il mare.

Nel plenilunio andava solitario un carrettiere col carico di sale, sui monti lo sorprese il temporale...

La rivolta si disciolse con l'inganno. Chi fu l'ingannator? Un colonnello. Disse:

«Mi manda il generale.»

«Evviva Garibardo!» fece l'assemblea.

«Bravi picciotti, bravi patrioti!» rispose il colonnello. E aggiunse:

---

[1] Uuh, uuh, brutta bestia, marocchino pure tu!

«Siete benemerenti. Il Dittatore vi donerà compenso. Ma deponete, orsù, consegnate le armi a' miei soldati.»

E in un baleno ne incatenarono quaranta.

«Murìu 'a virità, amaru a nui!» urlò come un dannato Turi Malàndro. Don Nicolò Vincenzo Lanza si mise a lacrimare.

Al suon di trombe, zoccoli e ferraglia, calano in piazza, il colonnello in testa, ardito sul cavallo.

«Sarvaggi» dice «bestiali!» alla vista di case sfracassate, d'incendi e barricate, al fetore residuo ch'esalano le croste e gli unti sulle lastre.

«Calce viva, calce!» grida il comandante. «Sennò morimo tutti di cholera.»

Con cati e lemmi e con scopini biancano selciati, basamenti, mura, porte, portali e architravi.

Alle sett'ore, nella sera calante, accendono qualche lume nella gabbia di vetro dei fanali. E le steariche e le lampe d'olio rimaste sugli altari. L'organo si sfiata e suona, il padre Adorno intona:

Te Deum laudamus...

Vien giù il pianto, il giubilo si leva tra le navate.

Dal presbiterio, il nostro colonnello, nella divisa con i cordoni e gli ori, la sciabola d'argento e il gran fucile a damasco per traverso, arringa noi civili:

«Cittadini d'Alcàra, state confortati, finito è il terrore. Quei che stan di fora incatenati non sono omini ma furie bestiali, jene ch'approfittaron del nome sacro del nostro condottiero Garibaldi, del Re Vittorio e dell'Italia per compiere stragi, saccheggi e ruberie. Io dichiaro qui, d'avanti a Dio, que' ribaldi rei di lesa umanità. E vi do la mia parola di colonnello che pagheranno le lor tremende colpe que' scellerati borbonici che lordaron di sangue il nostro Tricolore.»

Brusìo e pianto ancor dalle navate.

«Ma orsù» continuò il colonnello «l'alba di libertà è ancora nostra e già s'è fatto giorno. La pugna noi ci attende contro la fortezza di Milazzo. Da un'ora all'altra s'attende a Barcellona, ove son giunte innanzi le vanguardie di cui vedeste alcuni nella piazza, la colonna del Brigadiere Medici. E ora, per l'autorità conferitami dal Governatore della provincia di Messina, il dottor Pancaldo, io qui conferisco a voi, don Luigi Bàrtolo Gentile, i poteri di delegato del Comune, e invito tutti i coraggiosi a scovare e procedere all'arresto degli altri colpevoli sfuggiti a la cattura. Questi assassini che sono in mano nostra verranno questa notte trasportati al carcere del castello di Granza Maniforti, in Sant'Agata, e da lì spostati poscia a Patti per essere giudicati d'avanti a una Commissione Speciale. L'Italia Una e Libera non tollera nel suo seno il ribaldume. Viva la Patria nostra, viva Garibaldi, viva il Re soldato e leale Vittorio Emanuele!»

«Viva, viva!» risposero in coro gli alcaresi.

Il colonnello scese dall'altare e traversò la chiesa, col passo ferragliante dei speroni, il binoculo ballante sovra il petto, alto e fiero simile a un Washington, e sulla porta, chi Vi scrive, io stesso, Interdonato, gli si parò davanti e disse:

«Sono Enrico Pirajno, cefaludese. Siete Voi di Sicilia, colonnello?»

«Di Sicilia, sì, Roccalumera più precisamente.» E subito soggiunse, scorrendomi lo sguardo per tutta la persona:

«Io Vi conosco, Mandralisca. M'informarono di Voi nel bagno a Favignana i due fratelli Botta e Andrea Maggio. Ma chi Vi porta, chi, da queste parti?»

«Mi portan... le lumache. Scusate, colonnello. Il Vostro nome?»

«Giovanni Interdonato.»

«No!»

«Sì!»

«Perdonate. È che conobbi un altro Interdonato...»

«E quegli è mio cugino, l'avvocato, ch'ospitaste clandestino a casa Vostra. Somigliante a me nel nome e cognome solamente, ché per il resto discordiamo...»

«Dove si trova adesso?»

«Sta in Palermo. Nominato Ministro dell'Interno in questo primo Governo Dittatoriale. Ma per Voi, barone, cosa posso fare?»

«Farmi giungere al più presto al castello del principe Galvano Granza Maniforti...»

«Gran patriotta e benemerito! Provvederò per voi, provvederò...»

E in così dire riprese il suo fatale andare.

Successe, Interdonato, ch'io rimasi ancora in quel paese per una settimana e passa per mancanza di bestie e di vetture e soprattutto a causa dell'ordinanza imposta dal delegato per chiunque, tranne che per la Guardia, di star serrato in casa, di non uscire e entrare fora e dentro del paese ridotto in terra maledetta, quarantena, assedio o diuturno coprifoco. Di giorno allora furono nelle stanze echi di scorrerìe galoppi scampanate schiocchi appelli ordini richiami traccheggi grida e strombettate, e questo che di giorno era reale e decifrabile, di notte la notte rendea confuso terrifico angosciante...

Sì, bisogna scappare, nascondersi. Bisogna attendere, attendere fermi, immobili, pietrificati. A cerchi, ad ellissi avanzano, ad onde avvolgenti, nella notte isterica, le trombe stridule. Il respiro, mòzzalo. Sfiorano a parabola – lacera la curva le fibre – declinano, a corni svaniscono, schiere di cherubini opachi, le bùccine d'acciaio, feroci. E qui, in questa muffa d'angolo...

Che vengano, vengano ad orde sferraglianti, con squilli lame della notte, perché il silenzio, la pausa ti morde.

Ma tu aspetta, fa' piano. Deponi le mùtrie, gli orpelli, i giuochi insensati d'ogni giorno, lascia scolare nelle fogne la miseria, concentra la tua mente: sii uomo per un attimo. Muovi il tuo piede qui, su questa terra, entra, fissa la scena: in questo spazio invaso dalla notte troverai i passaggi, le fughe, esci, esci se puoi dalla maledizione della colpa, senti: il rantolo tremendo si snoda dal corpo in prospettiva, mantegnesco. L'uomo scagliato giù dalla finestra è caduto su punte di cristallo.

*Mart! Cam t'affuoddi stumatin
chi t'arcuogghi u garafu 'ntra u sa giggh!*[2]

Innalzano poi barriere, muri, labirinti. E dalle pietre del forte, chiocciola di terrore, il soave mattaccino murato vivo (hanno fermato il piede che disegnava per l'aria libere buffe spirali) urla nella notte: «Questa nostra lenta agonia ch'è già morte...» E l'urlo rimbalza di casa in casa, per scaloni di porfido, cortine di damasco, su per ciscranne, podi, teche opalescenti.

«Che si faccia tacere!» gridano, alzando sopra le teste manti, pluviali, palandre, cappe d'ermellino.

Ma del chierico diafano non t'inganni la sua luce di febbre. Il sacco copre croste, piaghe, sozzure, orgogli. Schizofrenia gli cela il flusso degli eventi, condizioni coatte. Estraneo alla dimora dei polli.

In stie sotterranee, tra fumi d'arsenico e scoli di cianuro, per il mio e il tuo beccano il vuoto tondo dilatato ebete occhio, segano vene, tendini, polpe. In ciclo di crusca e sterco, crusca e sterco.

Sfiora il tuo ventre ora, dallo sterno al punto del cordone, con dita ferme: senti la stimma del tuo gastrosegato, la tacca per la fuga della bile. E qui, dove le fughe? In squilibri, dissonanze, distorsioni ti rifiuto la tua crusca e il mio sterco, a te, della razza degli angeli!

Ma all'estremo della notte già le orde picchiano alle por-

---

[2] Morte! Come t'affretti stamattina / a cogliere il garofano nel suo giglio!

te, sgangherano e scardinano con calci chiodati, lasciano croci di gesso su bussole e portelli.

Viene fuori il ribelle, prendetelo! Caricatelo di catene e muffole, stringetegli al collo la corda di ginestra.

E nell'immensa piazza, al silenzio del tamburo, grida il capitano:

«Morto afforcato, il corpo per tre giorni si lasci penzolare!»

Il vento caldo e unto di scirocco si levò, e sulle creste e le gole, i lastrici e i catoi ululava come bestia disperata. Allora tamburando per le strade deserte il banditore abbanniò della caduta del bando comunale, ch'ognuno era libero d'andare. A la mattina bussarono alla porta e apparve Matafù, lo gnuri dell'amico Maniforti, che veniva a prelevarci (il mio servo Sasà, che rinsaviva, gli si buttò al collo e non finiva più di abbracciarlo come fosse il padre suo tornato d'oltretomba).

Tempo quattr'ore fummo alla marina, e al castello ci trovai piangente la mia cara consorte accompagnata dal cugino Bordonaro.

Lì era un bivacco di civili alcaresi rifugiati lungo i quaranta giorni d'anarchia, Chiuppa Capitò Versaci Cortese Frangipane, che s'apprestavano intanto a ritornare.

Ora è il momento, caro Interdonato, ch'io Vi parli del luogo ove rinvenni le famose scritte sopra mentovate, que' documenti di carbone sopra i muri, ch'io lessi e trascrissi, del segreto fosso, voglio dire, sotto a quel castello a carcere adoprato, che il principe Galvano visitare mi fece con orgoglio per avere tre giorni imprigionato gli alcaresi ribelli poscia portati a Patti e processati.

Rappresentar vi devo dunque questo carcere.

VIII
Il carcere

Non pria d'aver trascritto qui, a mo' d'epigrafe, come fosse una lapide murata sull'ingresso, questo passo ripreso da un libro della fine del Seicento, che si chiama: *Ricreatione dell'Occhio e della Mente nell'Osservation delle Chiocciole* del padre Filippo Buonanni gesuita.

> Sò che non mi stimerete reo d'iperbole, se mirando superficialmente le sole volute d'una chiocciola, rifletterete alla pena, che hanno i Geometri nel disegnarla con regola, e per quanta ve ne adoprino, pur sempre è falsa; mentre la compongono d'una portione di circolo sempre più piccolo, essendo esse non circolo, benché sembrino circolari.
>
> Qual Vitruvio fabbricò loro una Casa si capricciosa, e impossibile a imitarsi dall'Arte? Io vi sò dire che per quanto si anderà rintracciandone le cagioni, sempre più vi accorgerete, che Iddio, compreso sotto il vocabolo di Natura, in ogni suo lavoro Geometrizza, come dicean gli Antichi, onde possano con ugual fatica, e diletto nella semplice voluta d'una Chiocciola raffigurarsi i Pensieri.

«Che c'entran qui le chiocciole?» voi chiederete.

C'entrano sì, amico Interdonato. Perché si dà il caso che quel carcere di cui devo parlarvi abbia la forma precisa d'una chiocciola.

Fermato in questo punto per dir così un piè del compasso, raggiriamoci ora con l'altro – ma brevemente, per non tediarvi – sulla nascita e la storia del castello che sotto le fondamenta contiene questo carcere. Appellasi, Sant'Agata, di Militello, poiché fino al recente 1857 non ebbe autonomia di Comune, ma dipendeva in tutto da quell'altro. E da Militello in Val Dèmone, distretto e diocesi di Patti, deriva dunque la sua storia. Fino al '600 era solo una fortezza (il castello in parola, per l'appunto) e il territorio popolossi a una data incerta con una colonia di popolo etneo migrato per l'interno fino al mare forse per carestia e fame o per causa di tremuoto o eruzione. E questo si comprova dalla parlata e da certi cognomi catanesi, e ancora anche dal nome portato dal paese della Vergine e Martire patrona di Catania. E vedesi difatti in una nicchia al colmo d'un arco sovrastante una strada che conduce al mare, una statua di pietra dove la Santa, scovrendosi con ambedue le mani la vestina sopra il petto, piatto come ci avesse passato la pialla San Giuseppe, mostra agli astanti, non sai se con dolore o con orgoglio, la sua tremenda mutilazione. A causa della mostra, poi, di quel petto, molti la scambiano per Cristo Redentore, che nella stessa positura delle mani a volte Ei s'atteggia.

Sul muro del castello rivolto verso austro vedesi affissa questa lapide: TEMPORE DOMINI EXC. D. HIERONYMI (COCALI) GALLEGO PRINCIPIS MILITELLI AC MARCHIONIS SANCTAE AGATHAE. ANNO DOMINI MDCLXXV.

Questi Gallego, quindi, galiziani d'origine, come dice il cognome, avendo avuto da Filippo IV la nomina di principi di Militello e marchesi di Sant'Agata, fecero costruire la fortezza a mare, e il Girolamo (Còcalo) della lapide, sposato a una Corbèra, faceala, a mio giudizio, ingrandire e trasformare in un castello di dimora, chiamando certamente per l'impresa un architetto o geometra spagnuolo, ché una mente di Spagna solamente poteva concepire una magione sopra il disegno d'una chiocciola, o caracol, come la chiaman loro. E siamo persuasi che quell'insolito e capriccioso nome chiuso tra le parentesi che vien dopo Girolamo del principe e marchese, Còcalo, sicuramente d'accademico versato in cose d'arte o di scienza, sennò sarìa stato eretico per paganità, abbia ispirato l'architetto. Essendo Còcalo il re di Sicilia che accolse Dedalo, il costruttore del Labirinto, dopo la fuga per il cielo da Creta e da Minosse, ed avendo il nome Còcalo dentro la radice l'idea della chiocciola, *kochlías* nella greca lingua, *còchlea* nella latina, enigma soluto, falso labirinto, con inizio e fine, chiara la bocca e scuro il fondo chiuso, la grande entrata da cui si può uscire seguendo la curva sinuosa ma logica, come nella lumaca di Pascal, della sua spirale, l'architetto fece il castello sopra questo nome: approdo dopo il volo fortunoso dal grande labirinto senza scampo della Spagna, segreto sogno di divenire un giorno viceré di Sicilia, sforzo creativo in sfida alla Natura come l'ali di cera dell'inventore greco o solo capricciosa fantasia?

Il fatto è che quel castello, passato col tempo dai Gallego ai Maniforti, non possiede scale o scaloni in verticale, linee ritte, spigoli, angoli o quadrati, tutto si svolge in cerchio, in volute, in seni e avvolgimenti, scale saloni torri terrazzini corte magazzini. E la fantasia più fantastica di tutte si trova dispiegata in quel catojo profondo, ipogeo, sènia, imbuto torto, solfara a giravolta, che fa quasi da specchio, da faccia arrovesciata del corpo principale del castello sotto cui si spiega, il carcere: immensa chiocciola con la bocca in alto e l'apice in fondo, nel bujo e putridume.

Dalla corte s'accede al carcere per un cancello di ferro massiccio a grate strette infisso a un portale di pietra lumachella, un perfetto arco a conci ben squadrati e lavorati, nove per lato e più la chiave, con figure a bassi rilievi, diverse, ma ognuna che somiglia o corrisponde all'altra allato della pila opposta, e unica la chiave, che divide o congiunge, tiene le due spinte, l'ordine contrapposto delle simiglianze.

Partendo dunque da terra, dal pilastro manco e poi passando al dritto, dalle prime due bugne inferiori salendo, vedonsi scolpiti: una geometrica disposizione di palle o mele e una di soli o lune che sorgono o tramontano, un fior di girasole in mezzo a quattro foglie e due corbé di fiori dentro le cornucopie, un pesce tonno e un delfino, un artistico intreccio di nodi simile a un vezzo e due serpenti per le code attorcigliati a mo' di caducèo, una draghessa alata e una sirena, il gallo e l'oca, il cigno e il pavone, l'arpia e la chimera, il serafino e l'angiolo; e infine al centro, sulla faccia del cuneo della chiave, dentro una raggiera, una parola, breve ma indecifrabile, per lavorìo di pioggia di secoli che, cadendo a perpendicolo da catùso grottesco, logorò le lettere.

Schiavati catenacci e serratura, tirate spranghe e labardazze, sciolte catene e schiusa l'inferriata, ci trovammo sulla bocca ovale dell'ingresso. Matafù precedeva con la lanterna.

Sùbito un murmure di onde, continuo e cavallante, una voce di mare veniva dal profondo, eco di eco che moltiplicandosi nel cammino tortuoso e ascendente per la bocca si sperdea sulla terra e per l'aere della corte, come la voce creduta prigioniera nelle chiocciole, quelle vaghissime di forma e di colore della classe Univalvi Turbinati e specie Orecchiuto o Bùccina o Galeiforme, Flauto o Corno, Umbilicato o Scaragol, Nicchio, d'una di quelle in somma *vulgo* Brogna, Tritone perciato d'in sull'apice, che i pescatori suonano per allettare i pesci o richiamarsi nel vasto della notte mare, per cui *antique* alcuni eran detti Conchiliari o Conchiti, onde Plauto: *Salvete fures maritimi Conchitae, atque Namiotae, famelica hominum natio, quid agitis?* E Virgilio... Ma che dico? Di echi parlavamo. Ci tornavano indietro gonfiati anche le voci nostre, i bisbigli, i fiati, l'asma di Matafù, i risolini del Granza, i passi. Prendemmo a camminare in giro declinando. Sul pavimento a ciottoli impetrato ricoverti da scivoloso musco e da licheni, tra le pareti e la volta del cunicolo levigate a malta, jisso, a tratti come spalmate di madreperla pesta, pasta di vetro, vernice d'India o lacca, lustre come porcellane della Cina, porpora in sulle labbra, sfumante in dentro verso il rosa e il latte, a tratti gonfie e scalcinate per penetrazioni d'acqua, che dalla volta gocciola a cannolicchi càlcichi, deturpate da muffe brune e verdi, fiori di salnitro e capelvenere a cascate dalle crepe: luogo di delizie *origine*, rifugio di frescura pel principe e la corte lungo i tre giorni infocati di scirocco, come le cascatelle della Zisa, i laghi e i ruscelli a Maredolce, i giardini intricati di bergamotti e palme, le spalle a stelle di jasmino, trombette di datura e ricci d'iracò, le cube e le cubale dei califfi musulmani, o come le fantasie contorte d'acque sonanti e di verzure, di pietre e di conchiglie dell'architetto Ligorio Pirro pel Cardinale D'Este.

Tutto questo, addio. Ora deserto desolante, Purgatorio, fosso di penitenza e di tortura. Ceppi, bùccole e catene a ogni spira, paglioni e crini sparsi, lemmi incrostati, càntari, scifi e cicaroni, tanfo di piscio stagno e con rispetto merda.

Sulla prima, dopo la giravolta del vestibolo, ove ancora la solare luce la lambiva, LIBIRTAA scorsi sulla parete, e più sotto, alla terza, alla quinta, e sino in fondo, ove una pietra concava formava l'estremo apice e chiudeva questo vortice (fora vi sbattea di contra la maretta, s'udiva la risacca), al barbaglio fumoso della lampa, altre parole vidi di scrittura fresca.

Feci la vista di non avere visto. Chiesi al Maniforti per distrazione e rompere il silenzio:

«Quel giovin carcerato sanfratellano, che fine fece?»

«A Mistretta, a Mistretta, dietro sentenza giusta di condanna ai ferri per tre anni, a pane e acqua.»

Tornai nella prigione il giorno appresso, armato di carta e penna e calamaro, accompagnato col mio criato che reggeva il lume e dietro complicità di Matafù.

Quello che lessi, scrissi, tale e quale, e qui riporto a Voi, Interdonato. E la pianta sviluppata in piano di quel carcere torto, perché vediate bene nelle spire il luogo esatto d'ogni scritta.

Spira disposta su coordinate, sul tipo di quella detta d'Archimede, che ci lasciava l'opera *Perí elicon, Delle Spi-*

rali vale a dire, le quali sono descritte in piano come generate da un punto che si move di moto uniforme lungo una retta, mentre la retta stessa rota attorno a un punto. E dunque disponendo sull'ortogonali *x* e *y* la spirale nostra, procedendo dal punto interno terminale (infinitesimo in astratto, come infinite indietro son le làstime i dolori pene lacrime terrori tossici disperazioni – che ne sappiamo noi, che ne sappiamo? – della gente che qui parla), verso l'esterno, ho numerato ogni arco di spira, che corrisponde, ma è nel contempo la sua progressiva, all'altro precedente: a ogni mezza spira o arco imposi un cardinale, e ogni cardinale numera una scritta.

Cochlías legere dicevasi in antico, nel senso di ricolta per i lidi a passatempo e dilettoso giuoco.

Ma ora noi *leggiamo questa chiocciola* per doveroso compito, con amarezza e insieme con speranza, nel senso d'interpretare questi segni loquenti sopra il muro d'antica pena e quindi di riurto: conoscere com'è la storia che vorticando dal profondo viene; immaginare anche quella che si farà nell'avvenire.

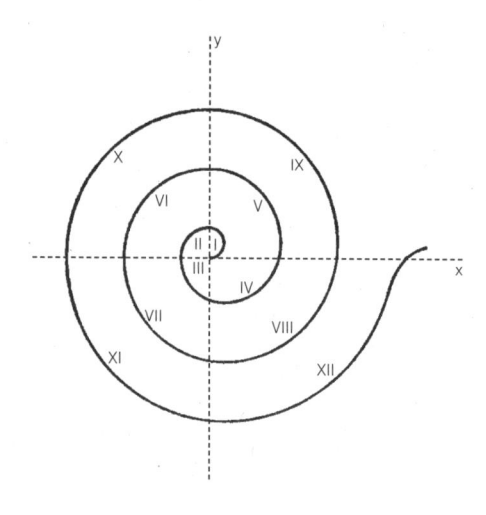

IX
Le scritte

I.

VISTO AMMAZZATO
MIO FRATELLO
ALLA COGNATA VEDOVA
SOMMA SCROCCAI CON MINACCE
IL GIARDINO DI FRUTTA DEVASTAI
DISCASSAI LA CASINETTA
PIENA DI RISERVA MOBIGLIA ROBA
QUALE FIGLIO MAGGIORE E PREPOTENTE
TUTTO NOSTRO PADRE GLI INTESTÒ
PER TESTAMENTO
ORA CHI SA
MAMMUZZA MIA
CHE MI TOCCA

II.

PROPRIETARI DI TERRE ALLODIALI
PEZZI GROSSI DENTRO LA DECURIA
PARROCHI E CIVILI
S'APPROPRIARO
DI TERRE COMUNALI
IO FORA DI TUTTO
CHE PURE AVEA DIRITTO
COME GLI ALTRI GALANTOMINI
FORA TUTTI I POVERI VILLANI
AIZZAI GLI ALCARESI A RIBELLARSI
AH MALE PER NOI
NESSUNO FU PIÙ BUONO
DI FERMARE LA FURIA
DEI LUPI SCATENATI
ADDIO ALCÀRA
CHIEDO PERDONO A TUTTI
ADDIO MONDO

III.

PUZZA DI MERDA A NOI
LA SERA DI SCESA NEL PAESE
STANO TURUZZO
NIPOTE DEL NOTARO
STRASCINO FORA
SERRO COLLE COSCE
SFORBICIO IL GARGAROZZO
NOTARO SARIA STATO PURE LUI

IV.

IL VERNO CHE CI FU LA CARESTIA
DEBITI PER SFAMARE SETTE BOCCHE
AL BANDO MI MANDARONO A FLORESTA
DON GNAZIO PROFESSORE FIGLIO DEL NOTARO
INGANNÒ MIA FIGLIA
SCANNAI CON QUESTE MANI
CAZZO E COGLIONI IN BOCCA
QUELLO INFAME

V.

CARICO DON VINCENZO ESATTORE
COLTELLATO
GETTO AI PORCI
MI SBRANAVA CON CAMBIO MORA PIZZO
RUBÒ LA TERRA SPETRATA A SCAVIOLI

VI.

MAI AVEA TOCCATO IN VITA MIA
NA SCHIOPPETTA
MA PURE QUELLA MATTINA
SPARAI LATINO
CONTRA LA CLASSE EBREA DEI CIVILI
CHI SAPE CHI INCOCCIAI
FORSE DON TANO TESORERE
O FORSE MASTRO CICCIO MISSO COMUNALE

VII.

VIVA LA TALIA
GRIDÒ IL GALANTOMO
VINDITTA VINDITTA
GIUSTIZIA
IL NOSTRO CAPOBANDA
SUBITO CONTRA LA COMARCA DEI CIVILI
LADRI E SFRUTTATORI
MI CAPITÒ IL GIOVINOTTO LANZA
SORRIDENTE
ATTASSÒ SENZA LAMENTO
OCCHI SBARRATI
CHE DICONO PERCHÉ

VIII.

FU SCANNA SCANNA ORBO
BOTTI SCHIAMAZZO
AIUTO STRIDA SAN NICOLA
A QUESTO I PATIMENTI
PORTARO NOI BRACCIALI
UNO MI AZZICCÒ
LI UGNA IN FACCIA
I DENTI NELLA MANO
QUANDO CALÒ
COME SACCO VACANTE
ROSA CHIAMANDO
ROSA

IX.

DI FALCICELLA NOVA
STRALUCENTE
BASTÒ UN COLPO
SOPRA QUEL COLLO DOLCE COME FERLA
DI PASQUALINO FIGLIO
DI ARRENDATARIO
GROSSA MIGNATTA E TIRO DI PANTANO
FALCI FALCETTI RONCOLE
SFARDAI
A MIETERE FRUMENTO SULLA FIENO
DI PADRONI CANAZZI
E MALIDITTI

X.

CERCAI LO BARONE
PADRONE DI SOLLAZZO
MA SPARVE IN QUALCHE TANA
FIGLIO DI BUTTANA
VINDITTA PARIMENTI
VIVA LA LIBIRTÀ
CHI MORE MORE
CIVILI PROPRIETARI SEMPRE ISTISSI
LADRI DI PASSO
FERE SENZA DIO E SENZA CORE
SOLO MI PARE FORTE LASCIARE SERAFINA
CHE POI NON TEMO NO
MORTE O GALERA

XI.

PORCA LA TALIA
PORCO LO RE
E PORCO GARIBARDO
GIUDA DI COLONNELLO
CHE CI DISARMÒ
VIVA LO POPOLO
VINDITTA SOPRA VINDITTA
AMARO A CHI
PER SORTE SI APPRESENTA
ANCORA A ME
E DICE PATRIA UNA E MONARCHIA
FACCIO CHE FECI A
NOTARO BARTOLO
CAPO DI COSCA E DI LADRONERIA
COLLE MANI LO STROZZO
E SPACCO IN DUE
LA PETRA SUA DEL
CO   RE

XII.

CHISTA È 'A STORIA VERA
LACCARISA
MAJU E GIUGNETTU RI
L'ANNU SISSANTA
CUNTATA RI LA GENTE
CHI LA FICI
SCRITTA CU LU CARBUNI
SUPRA 'A PETRA
PPI MICHELI FANU SANFRARIDDANU
CHI RI MONACU SI FICI ZAPPUNARU
    SI TRASI RINTRA RI
    STU PUZZU TORTU
    SAPPI COMU CHI FU
    E STATTI MUTU
    RICI NISCENNU CH' 'A
    VOTA CHI VENI
    'U POPULU 'NCAZZATU RI LACCARA
    RI BRONTI TUSA O PURU CARUNIA
    NUN LASSA SUPRA 'A FACCI RI 'STA TERRA
    MANC' 'A SIMENZA RI
    SURCI E CAPPEDDA

CANTAA U CUCCH U CIÀ E U FUHIEN
UNIT TUCC TRAI UN GIUORN CANTAN
MAU DI SAN BLESG
TUBOT E CUTIEU
MART A TUCC I RICCH
U PAUVR SCLAMA
AU FAUN DI TANT ABISS
TERRA PAN
L'ORIGINAU È DAA
LA FAM SANZA FIN
            DI
                LIBIRTAA[1]

---

[1] *Chista... libirtaa:* «Questa è la storia vera / di Alcàra / maggio e giugno dell'anno sessanta / raccontata dalla gente / che la fece / scritta con il carbone / sopra la pietra / da Michele Fano sanfratellano / che da monaco si fece zappatore / se entri dentro / questo pozzo torto [a chiocciola] / sappi come accadde / e restatene zitto / di' uscendo che / la prossima volta / il popolo incazzato di Alcàra / di Bronte Tusa oppure Caronìa / non lascia sopra la faccia di questa terra / neppure la semenza di / sorci e notabili / cantò la civetta il gufo e il corvo / uniti tutt'e tre un giorno cantarono / morbo di San Biagio [cancro alla gola] / lupara e coltello / morte a tutti i ricchi / il povero esclama / al fondo di tanto abisso / terra pane / l'origine è là / la fame senza fine / di / libertà».

Appendice prima

Una deliberazione celebre almeno come paradosso

ovvero

L'assassinio in trionfo

Palermo – Stamperia Carini all'insegna di Guttemberg – Entrata del Teatro Nazionale a S. Ferdinando – Unico piano a destra – 1860

Il N. 54 del "Giornale d'Italia per gl'Italiani", il N. 187 del "Diario d'Arlecchino", il N. 9 del "Cittadino", han riferito di una decisione resa dalla gran Corte Civile di Messina (a maggioranza di tre voti contro due) sulle uniformi conclusioni del Pubblico Ministero Interdonato, con la quale violando apertamente la legge, conculcando flagrantemente i diritti dell'individuo e della società, furono annullate le condanne già pronunziate, e rilasciati liberi gli autori delle stragi, dei saccheggi, delle ruberie commesse in Alcàra Li Fusi, da una mano di ribaldi a danno dei notabili del paese e della cassa pubblica di beneficenza.

Questi annunzii però son passati inosservati, il Governo non si è scosso, ed il pubblico ha aspettato vanamente una riparazione alla giustizia conculcata.

Or perché il Governo non ignori, perché tutti sappiano, perché il Re conosca a qual gente è affidata la vita e la libertà dei cittadini, e la pubblica tranquillità in questa parte d'Italia, noi intendiamo senza perderci in vane parole pubblicare alla distesa i documenti che dimostrano di qual portata è la ingiustizia anzi la violenza che è stata commessa.

Il 17 maggio in Alcàra Li Fusi un'orda di malvaggi, spinti dal veleno di private inimicizie, e dal desio di rapina, assassinò quanti notabili capitò nelle sue mani, saccheggiando e rubando le loro sostanze e le pubbliche casse.

La Commissione Speciale di Patti, alla di cui conoscenza era stato l'avvenimento pel Decreto Dittatoriale del 9 giugno 1860, dopo conveniente istruzione e i rituali dibattimenti, procedendo di subitaneo, rendeva la seguente decisione.

IN NOME DI S. M. VITTORIO EMANUELE
RE D'ITALIA

L'anno milleottocentosessanta il giorno 18 agosto in Patti.

La Commissione Speciale di Patti composta dai signori dottor D. Crisostamo Gatto Presidente, dottor D. Enrico Lo Re, dottor D. Gaetano Bua, giudici, dottor D. Lodovico Fulci giudice relatore, dottor D. Basilio Milio, giudice funzionante di avvocato fiscale.

Riunita per giudicare:

Salvatore Oriti Gianni – Antonino Di Nardo Mileti Carcagnintra – Giuseppe Sirna Papa – Salvatore Artino Martinello Guzzone – Vincenzo Mileti Carcavecchia – Salvatore Parrino Tanticchia – Salvatore Fragapane Malandro – Nicolò, Giuseppe, e Gaetano Vinci – Nicolò Santoro Quagliata – Michele Patroniti – Rosario Parrino Gruppo – Nicolò Romano Mita – Salvatore Cogita Calabrese – Gaetano Casta Caco – Giuseppe Sguro Mantellina – Nicolò Zaiti Scippatesti – Antonino Artino Inferno – Nicolò e Serafino Di Naso Milinciana – Carmelo Serio – Giuseppe Tramontana

– Nicolò Tomasello Formica – Nicolò Calderone Sammarcoto – D. Ignazio Cozzo – D. Nicolò Vincenzo Lanza – Carmelo Cottone – Giuseppe Palazzolo Capizzoto – Nicolò e Salvatore Mellino Cucchiara – Santi Oriti Misterio – Pietro Ridolfo – Gaetano Catullo – Giuseppe Imbriciotta Zisi – Basilio Restifo Attinelli – Antonino Di Nardo di Saverio.

ACCUSATI

Di aver portato la devastazione, la strage, ed il saccheggio nel Comune di Alcàra, e contro la classe di quelle persone civili, e di aver preso parte attiva negli omicidi, nelle devastazioni e nei saccheggi, nelle persone di D. Vincenzo Artino, di D. Pasquale Artino, di D. Giuseppe Bartolo, D. Ignazio Bartolo, D. Salvatore Bartolo, D. Giuseppe Lanza, D. Luigi Lanza, D. Salvatore Lanza, D. Francesco Lanza, D. Gaetano Gentile e di D. Francesco Papa, ed in danno loro, nonché in danno dell'Archivio di notar Bartolo suddetto, della Comune, e di tutte le opere pie laicali, e di quel Monastero delle donne, del sacerdote D. Giuseppe Franchina [...]

Il tutto ai termini degli art. 130 e 131 LL.PP., e giusta la rubrica del giudice signor Milio funzionante di Avvocato Fiscale.

Sentito il rapporto del giudice Relatore signor Fulci.

Letti gli atti sostanziali del processo.

Uditi i testimoni tutti nelle forme di rito.

Inteso il suddetto funzionante d'Avvocato Fiscale nelle sue conclusioni date all'udienza.

Sentiti gli accusati coi loro rispettivi difensori in tutti i mezzi di difesa.

La Commissione ne ha ritenuto in esito alla discussione pubblica i seguenti fatti:

L'anarchia cominciata in Alcàra il 17 maggio 1860 è durata in quel Comune circa 40 giorni, non fu il risultato di circostanze casuali, sviluppatesi casualmente nella insorgenza generale avvenuta in Sicilia intenta alla rivendica dei suoi dritti; ma sibbene il prodotto di una preconcetta e scellerata congiura di taluni (dei quali la maggior parte maestri e villani) tendente all'assassinio di un numero di civili, che poi lo interesse particolare di ogni congiurato estendea, e che nel complesso veniva perciò a racchiudere (salvo la eccezione di taluni) l'eccidio di quasi la intera classe dei civili di Alcàra.

Cause dell'iniquo concerto, furono in alcuni odio esecrando e di contro parte per mendicate precedenti angarie, nella speranza poi desiderio dell'annientamento dei creditori, per ragioni creditorie dei debiti di che si era gravato; desiderio in molti, unito alla speranza di riottenere quelli stessi beni che, per vicende di fortuna comecché fu forza di contratto o di sentenza di Magistrato, si avea precedentemente cessi o perduti: sperando infine di completarsi per furto nel preconcepito estensivo saccheggio.

Risultato di tanta infame orditura, lo eccidio di dieci civili ed un usciere, tra i quali individui rispettabili per virtù civili e letterarie, e giovani cui innocenti facea la età novella: trucidati a fucilate, a colpi di scure, e legnate, scozzati come agnelli, e tutti rispettivamente sia morienti, o già morti offesi con ogni specie di arma, e quindi mutilati, e pesti, e spogliati degli abiti, e poi orrendamente bruttati per incendio di carte sul viso, e poi di sepoltura cristiana per prepotente inibizione privati; distruzione, ed incendio di Archivi notarili, di ogni carta, e documenti conservati nella Cancelleria Comunale, che a tale Amministrazione o pia beneficenza si apparteneva. Furto della Cassa Comunale, contenente somme vigenti, parte innumerario, parte in fede di credito; saccheggio in diverse case civili con appropriazione di somme, fede di credito, gioje, oggetti d'oro e di argento accompagnato da incendî di libri creditorî e di ogni documento appartenente a fortune private; devastazione a frutta, a ricolta, nei campi estesa e generalizzata per eserzione degli anarchisti; appropriazione di case, e di poderi precedentemente per sentenza pendente; o volontariamente, e per atti autentici o laicali, scrocco di somme per componende, e minacce di danno, o di vita, arresti arbitrarii, ed ogni altra abusiva escandescenza, e tutto questo iniziato al grido di Viva Vittorio Emmanuele – Viva Garibaldi, e all'ombra del Vessillo della rigenerazione, che aveva servito di mezzo a disarmare preventivamente, ed agglomerare vittorie designate; come le prime ad essere immolate, e che dovevan essere seguite da altre, cui fortuite circostanze trovarono, e che dovevano formare i prodromi di un numero di reati e di scelleraggini, poscia parte consumati, parte per divina misericordia non commessi.

Colti infine nei lacci della Giustizia gli attuali giudicabili.
Ritenuti in cosifatto modo i fatti in genere.
Il Presidente ha proposto la seguente

QUISTIONE

Costa che i prevenuti D. Ignazio Cozzo, Salvatore Oriti Gianni, Antonino Di Nardo Mileti Carcagnintra, Giuseppe Sirna Papa, Salvatore Artino, Vincenzo Mileti Carcavecchia Spinnato, Salvatore Parrino Tanticchia, Salvatore Fragapane Malandro, Nicolò Vinci del fu Vincenzo, Nicolò Santoro Quagliata, Michele Patroniti [...] siano rei di aver portato la strage, la devastazione ed il saccheggio nel Comune di Alcàra contro la classe di quelle persone civili, ed ai sensi della cennata rubrica dell'avvocato fiscale?

LA COMMISSIONE

Considerando [...]
Per siffatte considerazioni la Commissione nella quistione proposta dichiara all'unanimità

COSTA

[...]
Risolute in tal modo le quistioni di fatto, la Commissione procedeva all'applicazione della pena, e condannò taluni all'estremo supplizio, altri a pene temporanee; però temperando la severità della legge, raccomandò alcuni fra i condannati a morte alla clemenza del Dittatore.

Vi erano intanto degl'imputati ancora latitanti, i quali non lasciaron via intentata per ottenere la liberazione – la Commissione fu sorda alle loro istanze, ma non fu sordo il P. M. che al cessare delle Commissioni Speciali andò a sedere alla Gran Corte di Messina (il sig. Interdonato).

Fu a lui presentata una dimanda, colla quale i latitanti chiedevano essere ammessi al beneficio dell'amnistia sancita in Napoli li 29 ottobre. Essi comprendevano che nissuna altra amnistia poteva riguardare la lor sorte; ma era ben facile il rispondere che un'amnistia la quale tratta di reati di sangue commessi nella insurrezione e per occasione alla insurrezione, non può venire applicata alle ruberie, ed ai saccheggi spinti da desìo di vendetta e di lucro: pure il Procuratore generale non vide così chiara la risposta, e credette proporre come dubbio al Governo – "se nei termini di quella amnistia deve intendersi necessario il concorso simultaneo delle due condizioni, cioè che i reati fossero stati commessi nella insurrezione e per occasione alla insurrezione".

A siffatto dubbio il Governo si degnò rispondere, avrebbe anche potuto non farlo, però i termini della risposta, pubblicata nei numeri 161-165 del Giornale Officiale, potrebbero tutti ridursi a questo responso "Dove la parola è chiara non occorre interpretazione".

Fallito il primo colpo non mancò il coraggio di tentarne un secondo, ma tale che tutto dal Magistrato, non già dal Governo dipendesse, ché il Governo non si presta a bassi favori, e fu presentata nuova dimanda per la quale si chiese che le prigioni si fossero schiuse, i ferri si fossero infranti per gli autori delle stragi, degli eccidi, dei saccheggi, della guerra civile d'Alcàra alla base del Decreto del 17 ottobre 1860, in cui il Dittatore con gran sapienza politica dichiarò non reato il fatto di chi era stato imputato, o anche condannato dai Tribunali borbonici per aver tentato di scuotere l'abbattuto dispotismo.

E bene! chi il crederebbe? Il Procurator generale si è arreso a questa idea, ed ha segnato una requisitoria che confonde il sentimento generoso colla vile passione, l'uomo nobile coll'infame, il liberale coll'assassino.

[...]

Ha detto dunque un Procurator generale che quando Depetris, il rappresentante di Garibaldi, del Dittatore dell'Italia Meridionale, considerò che i fatti ritenuti come reati politici durante l'occupazione borbonica, anziché dar luogo ad azione penale, rendevano benemeriti gli autori di essi della comune madre Italia, guardò con benigno sorriso il ladro, strinse la mano dell'assassino, santificò le ruberie, gli eccidî, le stragi, il saccheggio, la guerra civile... Viva Iddio! Fu questo il pensiero di Garibaldi? Son questi (i ladri, gli assassini, gl'incendiarii) i figli benemeriti della comune madre Italia? Ma come si può tanto avvilire questa santa terra, fino a farla tenera madre del ribaldume degli uomini?

Ha detto un Procurator Generale che le stragi, le devastazioni, il saccheggio in Alcàra servirono ad abbattere il Governo borbonico... cattiva rivelazione: cred'egli che per abbattere un governo esecrato si deve saccheggiare e rubare? Cred'egli quegli atti necessarî? Li suppone egli almeno leciti? Accordiamogli questo s'egli non conosce altra mano di liberali che di tal tempra: ma quando mai il Decreto del 21 agosto ha legittimato gli atti feroci commessi per abbattere il Governo borbonico? Il Decreto non parla che delle condanne che i Tribunali avevan pronunziato per fatti "che durante l'occupazione Borbonica eran ritenuti come reati politici".

Del fatto d'Alcàra non avevan giudicato però Tribunali borbonici; avean giudicato Tribunali creati dal Dittatore, tribunali rivoluzionarii; è una orribile confusione quella che il pubblico Ministero ha fatto, una confusione spaventevole. [...]

È il Procuratore Generale, il solo Procuratore Generale che ha confuso i ladri, peste sociale, coi martiri della libertà, oggetto di venerazione e di culto. [...]

La società è stata offesa vitalmente da questa decisione. Vi saranno rimedi legali? Io l'ignoro.

Il governo vuol lasciare ai giudici libertà d'azione, e fa bene; ma questa a buoni, a sennati, a giudiziosi magistrati; quando però la libertà si traduce in licenza; quando il magistrato tradisce la sua missione, ed in vece di proteggere offende la società; quando chi è custode della legge, apertamente, sfrontatamente, la viola; in tal caso resta ancora al Governo una via; richiami il giudicato, lo esamini, e se quel che si espone è vero, giudichi i giudicanti, li punisca, e correggerà in loro una colpa, segnerà agli altri un esempio!!

Palermo addì 18 dicembre 1860
Luigi Scandurra

Appendice seconda

Comune di Patti – Provincia di Messina – Registro dello stato civile – Anno 1860 – Certificato di morte di Giuseppe Sirna Papa.

Num. d'ordine 171 centosettantuno
L'anno milleottocentosessanta il dì ventuno del mese di agosto alle ore quattordici.
Avanti di Noi Giuseppe Natoli Calcagno presidente ed Uffiziale dello Stato Civile del Comune di Patti Distretto di Patti Provincia di Messina, sono comparsi Giovanni Campione di anni quarantadue di professione Becchino regnicolo domiciliato strada S. Michele e Francesco Fallo di anni quaranta di professione come sopra regnicolo domiciliato come sopra
 i quali han dichiarato, che nel giorno venti del mese di agosto anno corrente alle ore undici è morto nel piano di S. Antonio Abbate, con la pena di fucilazione, Giuseppe Papa Sirna di anni ventisei nato in Alcàra di professione Bracciale domiciliato in Alcàra figlio di Giuseppe di professione Bracciale domiciliato come sopra e di si ignora la madre domiciliata.

Per esecuzione della legge ci siamo trasferiti insieme coi detti testimoni presso la persona defunta, e ne abbiamo riconosciuta la sua effettiva morte. Abbiamo indi formato il presente atto che abbiamo iscritto sopra i due registri, e datane lettura ai dichiaranti si è nel giorno, mese, ed anno come sopra segnato da noi.
Avendo detto li testimoni dichiaranti di non sapere scrivere.

Giuseppe Natoli Calcagno

Appendice terza

Proclama del prodittatore Mordini.

ITALIANI DELLA SICILIA!

Io vi dissi giungendo al potere: «La vostra storia vi obbliga ad essere grandi».
Ora è forza mostrar che lo siete.
Ad affrettare il compimento dei vostri destini, io scelsi, or son pochi dì, una via che altri popoli d'Italia avevano percorsa col plauso d'Europa. E la scelsi perché aveva l'approvazione del Dittatore, perché guidava ad un patto solenne di conciliazione e di pace, perché non escludeva la successiva applicazione di un altro principio che m'ebbe sempre appassionato cultore.
Oggi nuovi casi han cangiato le condizioni dei giorni passati.
Bando adunque alle esitanze.
Qui si tratta di fare con la concordia la patria.

ITALIANI DELLA SICILIA!

Dal fondo dell'urna, ove il giorno 21 si deciderà del vostro avvenire, fate che sorga questo commovente annunzio ai popoli della Penisola: «In Sicilia più non sono partiti».
Sarà per Garibaldi la migliore prova d'affetto; sarà il mio conforto nel separarvi da Voi.

Palermo, 15 ottobre 1860

Il Prodittatore
Mordini

Nota dell'autore, vent'anni dopo

Non posso dire come Calvino, nella prefazione del 1964 al *Sentiero dei nidi di ragno*, "Questo romanzo è il primo che ho scritto" poiché *Il sorriso dell'ignoto marinaio* è per me il secondo, avendo già pubblicato anni avanti il mio, in qualche modo, *Sentiero*, nato certo in ben diverso terreno e in più diverso clima, di esito certo non comparabile, primo romanzo in ogni modo di iniziazione o formazione, *La ferita dell'aprile*. Secondo romanzo dunque, *Il sorriso*, che è, come sa ogni scrittore, più rischioso forse del primo, poiché consumate esperienza, urgenza, innocenza, libertà, dovrebbe segnare il superamento d'una esposta adolescenza, impostare la voce, confermare la fisionomia dell'autore, determinarne il futuro.

Secondo romanzo, *Il sorriso*, che ebbe allora, quando sortì (vent'anni fa), parvenza e accoglienza di primo, e non per impetuoso candore che in esso si leggeva, ché anzi qualcuno lo disse di sapiente struttura, ch'era tradotto forse in fredda, impoetica costruzione, ma perché del primo non si aveva cognizione o memoria. L'una e l'altra giustificate, ché troppi anni (tredici) separavano il primo dal secondo. Distrattamente poi si registrarono le generalità del primo, nato com'era nella marginalità d'una collana (la mondadoriana "Il tornasole" di Gallo e Sereni) di sperimentazione e ricerca letteraria in una stagione in cui la rinvigorita industria editoriale doveva necessariamente spostare impegno economico e preferenze verso prodotti collaudati e affidabili.

I tredici anni tra il primo e il secondo, dunque, erano colpevoli (impensabili oggi, in cui l'assidua presenza, non solo di testi, ma anche, o ancor più della persona stessa dell'autore nel dominio dei media, assicura esistenza), e li giustifico (come studente o soldato l'assenza da scuola o caserma) con questi motivi: il deserto di memoria, parola, che fatalmente si crea in ognuno dopo il primo romanzo; per me ancora, come per altri di uguale vicenda, l'altro deserto oggettivo, storico, sociale, del luogo, cioè, il Meridione, la Sicilia, in cui e di cui mi trovavo a scrivere; il mio trasferimento al Nord, a Milano, dove erano già approdate masse ingenti di contadini, braccianti, e il conseguente spaesamento, subìto in un contesto urbano, industriale di cui non avevo memoria, non possedevo linguaggio, e in un momento di acuta storia (1968), di acceso dibattito politico e culturale, di duro conflitto sociale.

Nel trasferimento a Milano m'ero portato nel bagaglio l'idea o progetto, ancora incerto, confuso, di questo romanzo, scaturito da vicende private (esperienze, memoria) e pubbliche (eventi sociali e culturali accaduti intorno agli anni Sessanta).

Al primo ordine appartenevano la conoscenza del luogo, fisico e umano, in cui ero nato e m'ero trovato a vivere – i paesi dei Nèbrodi, di serena natura e di sommessa storia, con rari sopratoni di ribellismi, di rivolte popolari, come quella risorgimentale di Alcàra Li Fusi, tramandata più dal racconto orale che dalla storiografia – paesi remoti dimentichi e dimenticati, rispetto ai due poli antitetici e simbolici quali erano Messina e Palermo; la frequentazione, in epoca pre-turistica, pre-consumistica, delle isole Eolie, di Lipari (visione dalla sponda del Tirreno, costante e variabile fino al favoloso, sulla linea dell'orizzonte) e presa d'atto, al di qua della sua profondissima storia, del suo mito, della realtà sociale delle cave di pomice, dei cavatori, afflitti da sempre dalla silicosi; la scoperta, nel mio peregrinare tra Isola e isole, nel mio oscillare tra un polo e l'altro – Messina di storia continuamente cancellata dalla violenza della natura, e Palermo di continua, atroce storia di violenza politica e sociale – la scoperta di una cittadina fortemente strutturata nel suo tessuto urbano, miracolosamente conservata nei fitti e significativi segni della sua storia: Cefalù, confine d'un oriente di natura e d'esistenza, di linguaggi formali e mitopoietici e porta d'un occidente di storia e di linguaggi logico-critici. Il rinvenimento, in Cefalù, d'una biblioteca e d'un museo, la conoscenza del loro fondatore, un erudito ottocentesco, il barone Enrico Pirajno di Mandralisca, e la rivelazione, nel domestico museo, sopra uno strato d'insignificanze, d'una vetta, d'una gemma: il *Ritratto d'ignoto* di Antonello da Messina, tradizionalmente detto dell'*Ignoto marinaio*, trovato dal Mandralisca a Lipari, nella bottega di uno speziale.

I tre elementi allora, la rivolta contadina di Alcàra, i cavatori di pomice di Lipari e il *Ritratto* d'Antonello reclamavano una disposizione su uno spazio di rispondenze e di senso, in cui il *Ritratto* stesso, nel suo presumibile percorso da una Messina, già di forte connessione storica, cancellata dai terremoti, a Lipari, isola-regno d'esistenza, di mito, a Cefalù, approdo nella storia e nella cultura, disegnava un triangolo e un movimento da un mare d'incertezza e rassegnato destino (l'Acitrezza e le falde etnee verghiane) a una terra di consapevolezza e di dialettica. Questa planimetria metaforica verticalizzavo poi con un simbolo offertomi dal malacologo Mandralisca, quello della conchiglia, del suo movimento a spirale (archetipo biologico e origine di percezione, conoscenza e costruzione, com'è nella *Spirale* delle calviniane *Cosmicomiche*; arcaico segno centrifugo e centripeto di monocentrico labirinto, com'è in Kerényi e in Eliade).

Il *Ritratto* d'Antonello occupava dunque l'angolo acuto di quel triangolo di cui dicevo, si configurava come motore d'una possibile narrazione, diveniva luogo in cui far precipitare esperienza e memoria, emergere idee, se non l'ideologia, divenire spazio logico e dialettico, *leit-motiv* e *topos* d'assunzione e di negazione, punto d'avvio d'invenzione, costruzione, soprattutto linguistica.

Il sorriso scaturiva, affermavo, da esperienze private e da eventi pubblici. Fra questi secondi è innanzitutto la vasta rilettura ch'era stata fatta, in campo storiografico, del nostro Risorgimento in occasione del Centenario dell'Unità, la sua rivisitazione critica, (ripartendo da Croce, De Sanctis, Salvemini, Gramsci, per giungere a Romeo, Giarrizzo, Della Peruta, Mack Smith fino all'eterodosso Renzo Del Carria e alla minuta memorialistica, come ad esempio quel *Nino Bixio a Bronte* di Benedetto Radice, riproposto da Leonardo Sciascia), che aveva cercato di togliere, a quel nostro cruciale momento storico, tutto lo strato di oleografia e di retorica da cui era stato coperto. È ancora la rilettura della letteratura che investe il Risorgimento, soprattutto siciliana, ch'era sempre critica, antirisorgimentale, che partiva da Verga e, per De Roberto e Pirandello, arrivava allo Sciascia del *Quarantotto*, fino al Lampedusa del *Gattopardo*.

Il Gattopardo, ecco: clamorosamente esplodeva in quegli anni nel pieno di un dibattito in cui si accusava il Risorgimento politico del fallimento del risorgimento sociale, sperato e reclamato soprattutto dalle masse meridionali, dalla classe che sotto l'abbattuto potere aveva più sofferto oppressione e offesa e che sotto il nuovo o i nuovi poteri, che già avevano sostenuto il vecchio, continuavano a non trovare riscatto. La polemica sul Risorgimento era chiaramente riferita al fascismo, alla sua caduta, alle speranze che la Resistenza e la Liberazione avevano riaccese, e al nuovo potere politico che nel Paese s'era instaurato, puntualmente su trasformismi e cinismi, sull'ulteriore emarginazione dalla storia di quella classe che a ogni cambiamento ne usciva sconfitta.

La visione scettica, pessimistica di Lampedusa, nonché verso il Risorgimento, era verso ogni sconvolgimento d'un ordine che, pur nella sua ineludibile iniquità, possiede una sua naturale armonia che in alto, per lenta distillazione di linfe, può dare i fiori più belli d'una civiltà; la sua bruciante ironia era verso ogni moto che mira a evoluzione, aspira a "magnifiche sorti e progressive". Consolava così, *Il Gattopardo*, i nostalgici superstiti d'una classe ch'era ormai tramontata con il suo carico di colpe e assenze; confermava nelle sue ragioni il nuovo potere (i famosi "sciacalli") che si sentiva legittimato per una positivistica, deterministica legge; irritava i neorisorgimentali, gli intellettuali che, nel nome del-l'"ebreuccio", di Marx, nel nome di Gramsci, al di là anche d'ogni bellezza, fosse pure letteraria, poetica, credevano nella giustizia, nell'equità come portato della storia, nel rispetto d'ogni diritto e umana dignità, nel recupero alla società d'ogni margine di debolezza e impotenza. Queste istanze, si sa, penetrarono non già nei contadini e braccianti meridionali – com'era accaduto alla fine dell'Ottocento –, ché costoro, con l'infrangersi dell'antico sogno della terra, con il fallimento d'una riforma agraria da sempre voluta, con il rapido e unico sviluppo in senso industriale del Paese, in massa erano emigrati nel Nord, ma erano penetrate in contesti urbani e industriali, a Torino, a Milano erano deflagrate. E in campo culturale, letterario, sulla spinta di nuove filosofie, nuove sociologie, nuove tematiche e scritture letterarie che giungevano dalla Francia, dalla Germania o dall'America, ogni acquisizione, certezza era messa in discussione, in discussione era messo, soprattutto dal Gruppo '63, il romanzo "tradizionale", il suo linguaggio.

Mi trovai dunque a Milano di fronte a uno sfondo industriale, a un conflitto sociale fra i più accesi del Dopoguerra, che il potere e le forze della conservazione cercavano di placare con omicidi e stragi, che il terrorismo politico poi con uguale metodo e uguali misfatti contribuì a dissolvere, a una profonda crisi culturale, alla contestazione in letteratura operata dai due fronti contrapposti degli avanguardisti e degli sperimentalisti. A Milano il clima era simile a quello in cui si trovò Verga, negli anni Settanta del secolo scorso, nel contesto della prima rivoluzione industriale e dei conseguenti conflitti sociali, dell'ipoteca manzoniana che gli Scapigliati volevano togliersi di dosso e della ricerca di nuovi temi e di nuovi linguaggi. In questa Milano Verga, spaesato, cadeva in quella crisi che l'avrebbe portato al ripiegamento in se stesso, al rifiuto d'ogni ideologia di modernità e progresso, al ritorno alla Sicilia "intatta e solida" della sua infanzia, della sua memoria, che lo avrebbe, per opposizione, affrancato – lui sì – da Manzoni, gli avrebbe fatto compiere la più radicale rivoluzione stilistica della nostra letteratura moderna.

Non sembri ingiurioso il nesso, ridicolo il riferimento, ma l'esempio alto è fatto per ognuno, robusto o fragile, che si è trovato in situazione di novità e di smarrimento.

Mi trovai dunque a Milano nel Sessantotto con nel mio bagaglio l'idea incerta di questo *Sorriso*, e la nuova realtà, il nuovo clima in cui ero immerso, mi spaesarono, sì, obbligandomi però a osservare, a studiare, a cercare di capire, di capirmi. E passarono anni per definire il progetto, convincermi della sua consonanza con il tempo, con la realtà, con le nuove etiche e nuove estetiche che essa imponeva, assicurarmi della sua plausibilità. Assicurarmi anzitutto che il romanzo storico, e in specie in tema risorgimentale, passo obbligato di tutti gli scrittori siciliani, era per me l'unica forma narrativa possibile per rappresentare metaforicamente il presente, le sue istanze e le sue problematiche culturali (l'intellettuale di fronte alla storia, il valore della scrittura storiografica e letteraria, la "voce" di chi non ha il potere della scrittura, per accennarne solo alcune) e insieme utilizzare la mia memoria, consolidare e sviluppare la mia scelta stilistica, linguistica originaria, che m'aveva posto e mi poneva, sotto la lunga ombra verghiana, nel filone dei più recenti sperimentatori, fra cui spiccavano Gadda e Pasolini. La struttura poi del romanzo, la cui organicità è spezzata, intervallata da inserti documentari o da allusive, ironiche citazioni, lo connotava come metaromanzo o antiromanzo storico. "Antigattopardo" fu detto *Il sorriso*, con riferimento alla più vicina e ingombrante cifra, ma per me il suo linguaggio e la sua struttura volevano indicare il superamento, in senso etico, estetico, attraverso mimesi, parodia, fratture, sprezzature, oltranze immaginative, dei romanzi d'intreccio dispiegati e dominati dall'autore, di tutti i linguaggi logici, illuministici, che, nella loro limpida, serena geometrizzazione, escludevano le "voci" dei margini. Era l'indicazione del superamento insomma di quel "fiore" di civiltà, di arte, rappresentato dall'*Ignoto* di Antonello, dal suo ironico sorriso, dell'uscita, lungo la spirale della chiocciola, dal sotterraneo labirinto, dell'approdo alla consapevolezza, alla pari opportunità dialettica. Cosa significa la riproposta, oggi, de *Il sorriso dell'ignoto marinaio*? Certo radicalmente diverso è oggi lo sfondo storico e sociale rispetto a venti anni fa. Il dibattito culturale e letterario è divenuto flebile o si è quasi spento. L'avanguardismo è approdato, da una parte, al conservatorismo e, dall'altra, ha generato un giovanilistico neonaturalismo che, azzerando memoria e linguaggio letterario, trova nel suo parlato, nelle inflessioni gergali matrici nel cinema, televisione o fumetto. Lo sperimentalismo, nella civiltà di massa, nel mondo mediatico, per la caduta di relazione fra testo linguistico e contesto situazionale, fra emittente e ricevente, sembra non possa che adottare, per quanto almeno personalmente mi riguarda, nel tentativo di superare il silenzio, moduli stilistici della poesia, riducendo, per rimanere nello spazio letterario, lo spazio comunicativo, logico o dialogico proprio della narrazione.

Ripeto: che senso ha la riproposta di questo *Sorriso*? E la risposta che posso ora darmi è che un senso il romanzo possa ancora trovarlo nella sua metafora. Metafora che sempre, quando s'irradia da un libro di verità ideativa ed emozionale, allarga il suo spettro con l'allargarsi del tempo.

Vincenzo Consolo

1996

Indice

- 5   I Il sorriso dell'ignoto marinaio
- 29   II L'albero delle quattro arance
- 61   III Morti sacrata
- 71   IV Val Dèmone
- 87   V Il Vespero
- 97   VI Lettera di Enrico Pirajno all'avvocato Giovanni Interdonato come preambolo a la memoria sui fatti d'Alcàra Li Fusi
- 105   VII Memoria
- 117   VIII Il carcere
- 123   IX Le scritte

147   *Nota dell'autore, vent'anni dopo*

«Il sorriso dell'ignoto marinaio»
di Vincenzo Consolo
Oscar
Mondadori Libri

Questo volume è stato stampato
presso ELCOGRAF S.p.A.
Stabilimento - Cles (TN)
Stampato in Italia - Printed in Italy